NO VALIDATION
MASCULINE

Emma Barrabi

No validation masculine

Pauvert

Photographie de couverture : © Eskay Lim/
stock.adobe.com
Création graphique : Stéphane Thommeret, Agence
Hokus Pokus.

ISBN : 978-2-213-72603-8
Dépôt légal : mars 2025

Liberté conditionnelle

« Mon existence ne dépend pas de la façon dont vous me trouvez désirable[1]. »
Warsan SHIRE

J'en ai marre. Je vous écris pour pousser un énorme cri de colère, de ras-le-bol, de *hess*, de *fuck off* face au comportement masculin de l'homme moyen ascendant hétéro-beauf dans la vie de tous les jours. Les filles, notre émancipation n'est pas acquise ! Nous ne sommes encore ni maîtresses de nous-mêmes

1. Warsan Shire, *Bénie soit cette enfant qu'une voix dans sa tête a fait grandir*, traduit de l'anglais par Sika Fakambi, Éditions Globe, 2023.

ni autonomes. Nous ne sommes jamais vraiment seules. Le regard des hommes nous suit partout. Nos faits et gestes sont toujours soumis à leur approbation. Big Brother te valide. Il valide notre accès à une terrasse de café, notre tenue (« pute » ou « prude », peu importe, ça ne va jamais, de toute façon). Il valide notre entrée en boîte de nuit, il valide nos propos sur les réseaux grâce à son droit de vie ou de mort sociale sur notre profil.

Le regard masculin formate nos goûts et nos aspirations. Il nous oriente dans telle ou telle filière, nous pousse vers tel ou tel job, considéré comme féminin. Quant au plafond de verre contre lequel nous nous cognons, il est solide comme un roc. Pourquoi ? Tout simplement parce que la majorité des postes de pouvoir et décisionnels sont encore tenus par des hommes.

La validation masculine, c'est notre sexualité passée au crible de la norme de la meuf respectable. Si tu es lesbienne, il faut l'être d'une certaine façon, sinon tu dégages. Partout, dans le travail ou nos loisirs, on exige de nous un niveau d'expertise alors qu'on ose à peine demander aux hommes de se justifier. Bref, la validation masculine est sournoise, bruyante, nuisible. Et peut-être plus encore que la domination masculine, que les violences sexistes et sexuelles et les inégalités dans le milieu du travail, la validation masculine est insidieuse, ordinaire : elle peut facilement passer sous les radars.

Nous pensons encore trop souvent les rapports entre les femmes et les hommes à travers ce prisme. Depuis la fin de la Seconde Guerre mondiale, militantes féministes, chercheuses et chercheurs ont décrypté les phénomènes sociaux enfermant les femmes dans une « soumission enchantée[1] ». Inégalités salariales, tâches ménagères accomplies par les femmes, insécurité dans l'espace public... On peut alors documenter et chiffrer les inégalités entre les femmes et les hommes selon le principe des 20 % : 20 % de femmes au Parlement, 20 %

1. Pierre Bourdieu, *La Domination masculine*, Seuil, 1998.

d'inégalités de salaires, 20 % de tâches ménagères accomplies par les hommes seulement. Voilà pour l'époque.

Alors, avec notre génération, la « Gen Z », nous pourrions penser que l'égalité est bel et bien là. Les générations précédentes n'ont d'ailleurs pas lésiné pour nous faire croire que c'était le cas. Nous sommes parfois encore convaincues que la situation a changé. Il a suffi de plusieurs victoires sur le plan législatif (droit de vote, droit d'exercer une profession sans l'accord de son mari, droit à l'avortement, droit de demander le divorce…), pour justifier la paresse de certains à renverser le sexisme insidieux qui nous ronge toujours. Mais il reste tant à faire. Fait loin d'être anecdotique, ce n'est qu'en 2013 que les femmes ont obtenu officiellement l'autorisation de porter un pantalon ! La loi n'avait jamais été modifiée depuis 1800…

Aujourd'hui, le top des meilleures ventes de vinyles est dominé par une femme, le Parlement s'approche – sans jamais l'atteindre – de la parité, nous venons d'avoir une femme

Première ministre, le congé paternité est étendu de six jours à un mois, et les militantes féministes ont poussé la société à entendre les violences sexuelles et la question du consentement grâce à #MeToo. Et pourtant, peut-on parler d'une libération ? Les féminicides continuent, les violences conjugales perdurent. Du bruit, mais dans la vraie vie, rien ne bouge ou si peu.

On n'ira pas jusqu'à convoquer ici toutes les grandes figures féminines politiques, scientifiques et culturelles qui ont participé au progrès de nos sociétés. Mais pensons à la chanteuse Taylor Swift, qui pulvérise tous les records de « première femme à… » dans l'industrie musicale sous les quolibets incessants de tous les misogynes du monde, ou à la présentatrice de talk-show Oprah Winfrey qui s'est imposée comme une référence du débat public aux États-Unis en n'entrant dans aucun des codes habituels du monde de la télé (ni blanche ni mince ni jeune). Pensons à Greta Thunberg et à toutes les militantes à travers le monde qui risquent jusqu'à leurs propres jours pour défendre la cause des femmes, comme la militante pakistanaise Malala Yousafzai qui a failli payer de sa vie son combat pour que les filles puissent avoir accès à l'éducation.

Leurs exploits nous encouragent, mais leurs sacrifices et les obstacles rencontrés nous révoltent. Jusqu'à quand faudra-t-il brader nos vies pour que l'une d'entre nous obtienne les suffrages qu'elle mérite ? Les mécanismes de domination et de validation, hélas, sont encore et toujours à l'œuvre.

L'émancipation, on la veut pour toutes, maintenant

Pensez à toutes les fois où nous avons dû vivre des situations désagréables : un petit compliment physique perfide sur notre poids ou sur notre tenue, faussement sympathique, mais destiné à nous ranger dans la case des bonnes meufs – ou pas. Le « Hé, gros tas ! » crié dans la rue ou le « Hmm, joli cul » susurré par un inconnu. Au-delà de l'envie de crier dans les deux cas un bon « Connard », suivi d'un « Je suis mineure ! », ces deux interpellations de la part d'un mec sont issues d'une même idée : vous êtes dans la rue, donc votre corps est un bien public, et n'importe quel gars se sent autorisé à formuler à voix haute son point de vue sur votre physique. Il n'y a pas d'un côté une phrase sympathique et de l'autre une phrase désobligeante. Non ! Les deux sont hors sujet, aucune n'est acceptable : elles n'ont pas été sollicitées par la principale intéressée.

Au fond, que nous disent ces assertions ? Si votre cul est validé par le monsieur chauve inconnu, vous êtes tolérée dans l'espace public, lieu par principe masculin, pensé et construit par et pour les hommes[1]. Ceux-ci vous approuvent car vous êtes une distraction, un bel objet. En sortant dans la rue, vous vous

1. Voir par exemple le chapitre « Présentes dans la ville », « Urbanisme féminisme et réappropriation de l'espace public » dans le livre de Lauren Bastide, *Présentes. Ville, médias, politiques… Quelle place pour les femmes ?*, Allary Éditions, 2020.

exposez. Un peu comme une statue dans un musée. Si, au contraire, vous êtes rangée dans la colonne des « gros tas », votre simple présence à l'extérieur est remise en question. Vous n'êtes pas validée physiquement, alors, comment osez-vous vous montrer dans la rue ?

Depuis des siècles, les hommes contrôlent l'extérieur, les femmes restent à l'intérieur[1]. Sur ce partage de l'espace public et domestique, rien de nouveau sous le soleil. Ce qui explique le harcèlement de rue, qui est une des manifestations les plus visibles de l'oppression masculine et, en conséquence, de la validation masculine qui se niche dans nos moindres faits et gestes.

La validation masculine incite les femmes à se demander le plus souvent ce qu'un homme va penser d'elles, physiquement bien sûr, mais aussi intellectuellement, et jusque dans

1. Le collectif Genre et ville aujourd'hui lutte contre cet accaparement de l'espace et le résume par la phrase : « Les hommes occupent l'espace public, les femmes s'y occupent. »

les loisirs et les passions. Ce qui n'est pas sans conséquence sur les comportements des femmes entre elles. À force d'être sans cesse comparées entre celle qui est « bien comme il faut » et celle qui a tout d'un laideron raté, la validation masculine oblige les femmes à se positionner en concurrence les unes avec les autres. Il en résulte une rivalité féminine omniprésente… Et c'est d'autant plus révoltant que nous nous complaisons parfois dans ces comportements que nous avons intériorisés afin de plaire à nos bourreaux…

Pourquoi sans cesse se demander ce que préfèrent les hommes ? Physiquement, sexuellement, socialement, comme si être validée par un homme était un accomplissement ? Pourquoi payer aussi cher des instruments de torture, de minceur électronique, de chirurgie esthétique ? Regardez les couvertures de magazines féminins. Chaque numéro ou presque redouble d'imagination pour nous dire comment satisfaire les attentes des hommes… Comment les hommes aiment qu'on leur parle, qu'on leur fasse à manger, qu'on les suce. Mais bordel :

et nous ? Pourquoi ne peut-on jamais lire un papier qui nous dise comment se faire faire à manger, se faire parler gentiment, se faire baiser comme on aime ?

Arrêtons de partir à la recherche de la validation masculine !

Avons-nous aussi des torts dans cette histoire ? Je ne sais pas. Nous avons tant intériorisé ce processus depuis des siècles et des siècles, à nous demander si nous serons à la hauteur, si nous allons être regardées, si nous allons être choisies parmi les autres femmes. Est-ce que le voisin voudra demander ma main à mes parents ? Est-ce que Charles-Eudes va m'inviter au bal ? Est-ce que Jason va m'emmener sur son scooter 125 le long des quais de Seine ? Et, au-delà des enjeux de séduction ou de couple hétérosexuel, est-ce que tel ou tel homme va valider mon comportement ?

Intéressons-nous de plus près à la *validation masculine*, au sexisme ordinaire et au *male gaze,* qui nous relèguent au rang d'humains de seconde zone. Ce système bien ancré dans les comportements consiste en un principe simple : les femmes sont en liberté conditionnelle. Nous vivons avec un bracelet électronique aux chevilles. Alors que nous avons tendance à partir du principe que l'égalité est atteinte – le « mythe de l'égalité déjà là », celui qui fait dire : « Oh, ça va, qu'est-ce qu'elles veulent encore alors qu'elles ont le droit de vote et qu'il y a des quotas partout ? » –, nous sommes toujours soumises dans tous les aspects de nos vies au regard et à l'approbation des hommes. Qui décide, comme dans Malcom, « Toi tu vis, toi tu crèves » ?

En 2014, dans une tribune de la presse américaine, la journaliste Mohadesa Najumi posait déjà le problème de la validation masculine dans le débat public. Mais sans doute trop tôt pour que nous, les femmes, prenions à bras-le-corps ce mécanisme. Voici ce qu'elle affirmait à l'époque :

Je tiens à souligner que les femmes n'ont pas besoin d'être fortes pour inculquer la peur – ce n'est pas le but derrière le rejet des notions de validation. La peur est un sous-produit de notre société tellement ancré dans la culture patriarcale. Historiquement, les femmes ont été traitées comme des citoyennes de seconde zone et, jusqu'à la première vague de féminisme, cette tendance a dominé une grande partie du monde. C'est pourquoi une femme qui n'a pas besoin de validation est si profondément redoutée : elle défie le privilège masculin séculaire et les notions patriarcales. Tant d'hommes dans ma vie ont essayé de « réparer » ce qui n'allait pas chez moi ; ils me considéraient comme un être « fougueux » qui avait besoin qu'on le domestique. Je veux que toutes les femmes du monde rejettent les notions de validation et agissent comme elles le souhaitent, quelle que soit la façon dont elles sont perçues. La meilleure chose que nous puissions faire est d'être à l'aise et heureuses dans notre peau et de cette façon, aucune industrie, aucun système ou groupe de personnes ne peut dévoyer nos élans ou essayer de nous briser[1].

La femme, cet « être fougueux » qui aurait besoin d'être « domestiqué » que décrit Najumi il y a plus de dix ans, on la retrouve encore à notre époque. Souvenez-vous de cette vidéo qui montre Miley Cyrus tirant la langue aux photographes et de son mec d'alors lui murmurant à voix basse avec un sourire : *"Can you behave for once?"*, c'est-à-dire : « Peux-tu te comporter convenablement, pour une fois ? » Après cette remarque, Miley Cyrus cesse de sourire et regarde ses pieds. Heureusement, quelques années plus tard, elle sort le titre « Flowers », gagne son premier Grammy Award et dit sur scène qu'elle a oublié de mettre une culotte. Mon propos ne vise pas à dire qu'une femme doit forcément être délurée, mais qu'une femme

1. Mohadesa Najumi, "Why the Woman Who Does Not Require Validation from Anyone Is the Most Feared Individual On the Planet", *Huffington Post*, 17 mars 2014. *(Traduction de l'autrice.)*

doit dire ou faire ce qu'elle a envie sans qu'un homme à côté d'elle vienne donner son avis sur son comportement, ou lui dicter sa conduite.

Alors ça suffit

Ouvrons les yeux. Prenons conscience des connards qui pullulent dans notre entourage, confrontons-les et même, pourquoi pas, débusquons le connard qui est en nous.

La validation masculine est partout : au lycée, dans les médias, à la maison, entre amis, sur les réseaux, dans la rue.

Pire encore, nous avons toutes intériorisé malgré nous les diktats de ce mécanisme pernicieux.

Messieurs, nous ne sommes pas là pour vous plaire, ni pour nous effacer quand on ne vous plaît pas. Personne ne nous validera à part nous-mêmes. C'est ce que je veux transmettre avec ce livre, c'est ma bataille.

Frère, sœur, tu pourras être choqué comme je le suis, partager mes analyses, ou, au contraire, être en désaccord. C'est ta liberté. Je n'oblige personne à se révolter. Je n'attends la validation de personne.

1

Nos corps vous ne validerez pas

À la pêche aux compliments

Une femme recherche la validation masculine dès qu'elle accorde plus d'intérêt, de valeur ou d'importance au point de vue d'un homme qu'à son propre point de vue ou à celui d'une autre femme.

Nous connaissons toutes les situations qui suivent. Votre amie tente en vain de vous rassurer alors que n'importe quel type *random* qui vous dit précisément la même chose qu'elle réussit à apaiser vos angoisses. Vous montrez votre tenue à votre copain, ou à n'importe quel homme, avant de sortir, parce que lui seul (même s'il n'y connaît rien) vous fera vous sentir bien dans votre peau. Votre mère a besoin, avant de valider ses choix de vie ou de carrière, « d'en parler avec son mari », non pas pour partager ses doutes ou ses interrogations avec un être cher, mais pour obtenir un assentiment. Autre situation. Vous discutez normalement entre copines, avec naturel et spontanéité, quand un garçon se joint au groupe. D'un coup, l'atmosphère change, l'une d'entre vous se met à rire en touchant ses cheveux dès qu'il dit quelque chose, une autre lui jettera des œillades langoureuses à la recherche d'une approbation. Arrêtons ça ! Nous ne sommes pas des êtres superficiels quémandant de l'attention. Nous avons simplement intériorisé la misogynie virale de la société qui dit que, pour être heureuses, les femmes doivent à tout prix se caser, jusqu'à s'entredéchirer s'il le faut.

Cette pêche aux compliments est d'autant plus perverse qu'elle peut nous conduire à dénigrer nos sœurs ou à se dénigrer soi-même.

Cela va des phrases du type : « Je n'aurai pas une bonne note, j'en suis sûre… », que l'on fait en classe avec une moue de collégienne afin d'implorer des compliments sur notre niveau scolaire, au « Ça me fait des grosses fesses… », en regardant son séant dans la glace dans l'espoir qu'un garçon nous rassure : « Mais non, t'inquiète, t'as un super cul, Ginette. »

Bien sûr, il ne s'agit pas simplement de rechercher de l'attention, de l'affection ou même de l'amour. Il est normal d'attendre de nos proches qu'ils portent un regard positif sur nous et nous le disent. Mais ce regard est problématique quand le seul qui trouve grâce à nos yeux est celui des hommes, et quand ce regard remplace la confiance que nous sommes censées éprouver envers nous-mêmes. Cependant, la validation masculine n'est pas seulement un mécanisme qui s'enclenche avec la présence physique d'un regard masculin. C'est une présence tellement intériorisée qu'elle structure les représentations et les actions des femmes, y compris lorsqu'elles ne se trouvent pas en compagnie d'hommes.

Encore aujourd'hui, les jeunes femmes délèguent trop souvent leur estime d'elles-mêmes au regard qu'un homme portera sur elles. Pire, à force de penser en fonction des attentes des garçons, elles ne savent plus ce qu'elles aiment ou pas, ce qu'elles apprécient ou pas, ce dont elles ont envie ou pas. Une fois validées, elles ressentent un sentiment de pouvoir, de puissance, de satisfaction. Mais ce pouvoir est un pouvoir sous condition, provisoire, et sans cesse remis en cause (si notre apparence change et que nous sortons des canons de beauté, ou si nous devenons trop « puissantes » et effrayons les hommes, ou, pire, si nous vieillissons !).

Non validées, nous nous sentons seules, tristes, délaissées. L'image caricaturale de la nana qui s'empiffre de glace sur une musique triste parce qu'elle est encore célibataire à l'approche de la trentaine – on pense bien sûr ici à Bridget Jones, devenue une icône, du moins pour la génération Y – rappelle aux femmes la dépendance sociale que nous éprouvons face aux hommes. Ne pas être choisie signifie se retrouver seule face à soi-même, alors qu'on nous apprend dès le plus jeune âge à ne vivre que dans le reflet de la pupille d'un garçon. Quand verra-t-on des hommes abattus, incapables de s'habiller ou de sortir parce qu'ils ont rompu ?

Tant que nous sommes complimentées, c'est comme si nous avions tout gagné, mais dès que notre image ne correspond plus aux attentes des hommes, la fortune ne nous sourit plus et c'est la mort sociale annoncée. Considérées pour leur physique uniquement, certaines d'entre nous consacrent temps et argent à parfaire une image par principe volatile. La solitude profonde qui enferme nombre de jeunes filles attachées à leur image numérique est sous-estimée… D'autant qu'il existe une dimension addictive à la validation masculine. C'est comme un bébé à qui sa mère dit « bravo ! » sans cesse. Quand ça s'arrête, ça fait bizarre. Or, cette validation s'applique à une échelle démesurée à la faveur des réseaux sociaux. Les likes prennent part à la même rhétorique de légitimation. Si on est toutes aussi actives, qu'on poste tant de photos, c'est, reconnaissons-le, pour qu'on nous dise qu'on est appréciées, que notre vie vaut la peine d'être vécue, pour ressentir ce frisson que procurent des dizaines de likes. Mais un like féminin vaut-il autant qu'un like masculin ? Pas sûr.

Je me souviens d'une élève du lycée à qui ses parents avaient interdit de se connecter sur les réseaux sociaux pendant plus de deux semaines dans le but de lui permettre de mieux préparer les épreuves du bac. Sans la possibilité de s'exposer pour s'assurer de sa validation, sans likes ni commentaires pour la rassurer, elle avait cru devenir une « nobody » et avait sombré dans la déprime. Révoltant.

Autre dimension importante de la validation sur Internet : les applis de rencontres. Nous avons toutes une amie qui enchaîne les *dates* ou qui se connecte sans cesse sur les applis de rencontres et qui a absolument besoin que des garçons valident son profil et confirment leur rendez-vous. Nous ne sommes ni des amoureuses compulsives ni des nymphos, nous avons juste besoin de nous sentir choisies et approuvées, comme un produit de l'année.

Nous nous sentons bien si des hommes nous envoient des cœurs et des pouces en l'air, et super dépressives si personne n'aime notre profil. Par exemple, à une période, je passais des heures frénétiquement sur Tinder juste pour recevoir des *matchs*. C'était une manière pour moi de me sentir validée et donc, rassurée, et de m'endormir paisible…

Ce système est à la fois super pervers et paradoxal : on recherche la validation d'inconnus et dans le même temps, on rejette la signification de ce processus. Parce qu'ils flairent le désespoir et se disent : « Tiens, et si je me comportais comme un connard avec cette nana bien en galère qui pleure si facilement ? » C'est comme un chiffon rouge devant un taureau. La bête éprouve le besoin de nous foncer dessus.

Cette recherche de la validation masculine, nous la portons toutes d'une manière ou d'une autre, consciemment ou inconsciemment. C'est l'un des maillons de notre société patriarcale. Dès l'enfance, nous intégrons progressivement que nous n'avons de valeur que dans le regard d'autrui, et que cette valeur est encore augmentée si l'approbation vient d'un homme. Il n'est pas question d'y souscrire ou non, nous sommes toutes concernées, nous en faisons toutes l'expérience. Et cela entraîne des conséquences bien réelles, qui vont jusqu'à la négation de soi et de nos besoins. Nos corps dépossédés sont valorisés quand ils servent le désir masculin – dès le plus jeune âge, comme le fait remarquer Lauren Bastide dans son podcast La Poudre, les jeunes filles apprennent à faire de « bonnes fellations », dans les magazines féminins ou sur les sites, avant même d'apprendre à connaître leur propre corps ou leur propre plaisir.

Mort aux idéaux stéréotypés

Une épée de Damoclès pèse sur la vie des femmes, réduites à leur physique, sur lequel tout le monde a un avis à donner. La validation masculine de nos corps est la plus évidente et la plus flagrante de toutes.

Cessons tout d'abord de commenter le poids des femmes à coups de : « T'es sûre, tu ne manges pas beaucoup ? », « Elle a bon appétit dis donc ! », « Tu devrais faire une émission culinaire ! » Ces commentaires déplacés – et rarement sollicités par les intéressées – sont non seulement néfastes parce qu'ils participent à l'idée qu'une femme, ça se préoccupe avant tout de son apparence, mais ils entretiennent aussi un rapport obsessionnel à notre corps et favorisent les troubles alimentaires. Entre 15 et 35 ans, environ 230 000 jeunes femmes souffrent d'anorexie mentale, selon les chiffres de l'INSERM. L'anorexie mentale, comme la boulimie, est un trouble psychologique grave et plurifactoriel. Or, on constate depuis ces dernières années une hausse de l'anorexie infantile sans que la chose fasse sourciller qui que ce soit. Si une remarque seule n'est certes pas la cause de toute une pathologie, néanmoins, les jugements récurrents sur le physique d'une personne diminuent l'estime de soi et ne favorisent pas l'émancipation. Tapez : « Elle est trop grosse » dans la base de recherche du réseau X et vous verrez à quel point tous les mecs ont un avis sur le poids des femmes, de la plus célèbre à leur voisine de classe ! Et ça émane de toutes les générations d'hommes, du papi libidineux tranquille derrière son écran au « Lacoste TN » : « Quelle baleine, celle-là », « On mange bien à la cantine, dis donc » suivi de trois smileys morts de rire, ou encore : « Faut faire un sponso avec Comme j'aime, elle est énorme. »

Les magazines people et les réseaux sociaux passent leur temps à traquer le moindre bourrelet ou le moindre os saillant. C'est par exemple l'actrice et mannequin Emily Ratajkowski qui va être *shamée* au motif qu'elle est trop maigre ; c'est cette ex-Miss France, Alexandra Rosenfeld, à qui on ordonne « Mange ! » sur Instagram pour se moquer de sa minceur. Sauf que – et ce sont bien sûr les hommes qui en ont décidé ainsi – aucune mannequin au-delà de la taille 40 ne défile à la Fashion Week, et arrêtez de nous bassiner avec LE contre-exemple de mannequin grande taille qui est juste là pour que les marques puissent se donner bonne conscience. On continue à demander dans les annonces de casting des filles aux mensurations impeccables, selon le booker. En revanche, si les mannequins sont jugées trop maigres par le public, elles prennent une leçon d'équilibre alimentaire et sont mises sur la touche. Cherchez la cohérence ! Face aux exigences de l'industrie de la mode et les critiques des médias souvent malintentionnées, il y a de quoi craquer.

Ces standards démesurés et inatteignables renforcent la dysmorphie corporelle chez les femmes[1], mais font aussi partie de tout un idéal particulièrement toxique de beauté longiligne et de traits juvéniles. Il n'est pas nouveau qu'on emploie toujours plus de (très) jeunes filles pour assurer les défilés (il est possible de devenir mannequin dès l'âge de 16 ans), là encore, flirtant bien souvent avec les limites du travail des mineures. Elles seront remerciées une fois la trentaine passée (voire avant). Si

1. La dysmorphie est un terme médical qui recouvre l'obsession pathologique qu'un individu a sur une ou plusieurs parties de son corps.

des femmes comme Judith Godrèche ou Isild Le Besco commencent à prendre la parole sur l'exploitation qu'elles ont subie, toutes deux sexualisées dans des films et des clips dès l'âge de 14 ans, l'industrie du spectacle ne fait son mea culpa que sur les faits passés. Aucune mesure n'a été prise pour protéger les mannequins et les actrices mineures d'aujourd'hui. Les femmes ne sont plus (l'ont-elles jamais été ?) des êtres à part entière, mais des produits marketing avec une date de péremption. Dans cette logique, le corps féminin, tel un corps d'enfant, se doit d'être aussi lisse que celui d'un nourrisson. Jugez de l'époque dans laquelle on vit : l'influenceuse Mara Lafontan a été harcelée pour avoir posé dans une pub de lingerie avec une ligne de duvet sur le ventre, comme si les femmes étaient des êtres imberbes.

Le phénomène de contrôle du corps des femmes est même d'une tout autre ampleur lorsqu'on se penche sur la grossophobie. Ce sont plusieurs milliers de commentaires moqueurs ou agressifs qui s'abattent sur les filles et les femmes dites grosses. Les garçons les rabaissent et s'acharnent sur elles par des *pranks* (des mauvais tours), feignant d'être intéressés dans le seul but de les humilier par la suite. Ma copine Léa a vécu ça. Les garçons de la classe, en 1re, avaient fomenté tout un complot pour lui faire croire que Matteo était amoureux d'elle. Au bout de trois semaines, quand elle a fini par accepter un rendez-vous avec lui, ils ont tous éclaté de rire pour lui dire qu'elle était trop moche et que c'était un *prank*. Ils sont donc venus chercher une fille qui n'avait rien demandé dans le seul but de casser son estime d'elle-même. C'est abject.

Jamais un homme ne sera aussi scruté et évalué sur son physique que peut l'être une femme dans sa vie. Jamais un corps masculin ne sera passé au crible dans la publicité, les médias, les films, comme l'est un corps féminin. La comparaison n'est pas tenable. Tout ramène les femmes à leur corps, même lorsqu'elles cherchent à mettre en avant leurs qualités intellectuelles, leur parole. Par exemple, Virginie

Despentes raconte dans *King Kong théorie*[1] comment, dans les médias, les critiques ont disséqué son apparence et sa vie privée au lieu de se concentrer sur le contenu de son livre, alors que Michel Houellebecq, au même moment, recevait des commentaires d'ordre littéraire.

Les partisans du « Mais les hommes aussi » (auquel on ajoutera pléthore de situations dont ils se disent victimes *autant* que les femmes) ne sont pas crédibles. En plus, ces dispositifs détournent la conversation du sujet principal : nous, les femmes. C'est fascinant de constater combien tout un chacun, et surtout les hommes, se sent légitime pour commenter nos corps, agrémentant le tout de « conseils » sur la façon dont on devrait s'occuper de

1. « Non, on ne décrit pas un auteur homme comme on le fait pour une femme. Personne n'a éprouvé le besoin d'écrire que Houellebecq était beau. S'il avait été une femme, et qu'autant d'hommes aient aimé ses livres, ils auraient écrit qu'il était beau. Ou pas. Mais on aurait connu leur sentiment sur la question. [...] À talent équivalent, ça n'aurait pas été le même traitement » (Virginie Despentes, *King Kong théorie*, Grasset, 2006, p. 127).

nous-mêmes. Est-ce que les hommes pensent vraiment qu'une fille maigre n'a pas passé des heures à se regarder dans la glace et à chercher un haut qui dissimule ses clavicules, pour éprouver le besoin de l'informer : « T'es super maigre » ? Est-ce qu'ils pensent sincèrement qu'une jeune fille ronde n'a pas déjà compris que la société la méprise plus que tout, pour qu'on lui répète inlassablement qu'elle n'est pas désirable ?

Actuellement, l'idéal de la mannequin filiforme côtoie la belle plantureuse, qui affiche une grosse poitrine, une taille marquée et des fesses rebondies, tout en réalisant l'exploit de rester fine partout ailleurs. Un huit dessiné. Un genre de concours officieux, sans trophée ni médaille, s'est instauré. Plus on correspond à l'un ou à l'autre de ces modèles, plus on gagne des points. Les réseaux sociaux nous classent en fonction de ces critères, et notre popularité grandit ou diminue selon leurs filtres et leur… validation.

Comment répondre à ceux et à celles qui avancent que certaines femmes commentent également le physique des autres femmes, ou ne manquent jamais de se critiquer entre elles ? C'est le principe d'une société fondée sur une distinction binaire entre un genre masculin et un genre féminin. Les mécanismes misogynes sont massivement perpétrés par les hommes dans leur unique bénéfice, mais ils sont également alimentés par les femmes qui doivent évoluer dans une société qui les place constamment en compétition. Pire, le schéma de pensée s'autoalimente au détriment des femmes, puisque celles-ci « classent » telle ou telle fille en fonction de leur désirabilité aux yeux des hommes et nourrissent donc le système de validation masculine.

Le business du *body positive*

Les femmes fournissent des efforts inconcevables pour plaire aux hommes. Et il n'est jamais trop tôt pour assouvir les désirs masculins. La chirurgie esthétique est le symptôme le plus aberrant et extrême d'une aliénation féminine. Et pour cause, certaines femmes n'hésitent pas à dépenser des sommes folles pour correspondre à ces idéaux de beauté toujours plus inatteignables. Ce qui est vendu comme un souci de soi devient un produit de consommation sans limites. Les posts Instagram des chirurgiens esthétiques célèbres vous montrent en trois clics combien vous serez sexy, comment vous ressemblerez à une célébrité et attirerez les hommes (rappelons-nous, notre but de vie sur Terre). L'expression « se sentir mieux dans sa peau » revient trop souvent à se conformer et à se couler dans le moule alors qu'elle devrait surtout permettre de s'accepter. L'injonction « prendre soin de soi » signifie souvent « prendre soin de son corps », déroulant alors de sempiternelles *routines* coûteuses et chronophages (plutôt sérum ou eau florale ?), dont l'une des intentions cachées repose sur les mêmes sornettes que le reste : les femmes sont sommées de cocher toutes les cases de la féminité, sinon elles ne sont rien. Parce que la société est régie par la validation masculine, nous sommes passées à une équivalence entre « prendre du temps pour soi » et « se faire épiler » !

Le bouleversement de la représentation et de la projection de l'image de soi opéré par les réseaux sociaux induit une mise en scène individuelle sans commune mesure avec ce que la presse féminine véhiculait il y a encore quinze ans. Désormais chaque photographie de soi passera au scanner des commentaires insultants d'inconnus, parfois virant à l'écœurement : plutôt « Coton-Tige » ou « baleine », ou à base de commentaires comme « Si je la soulève je vais mourir ». Une femme ronde chante ou danse sur TikTok et son poids sera le seul élément que l'on retiendra. Et s'il était nécessaire de le préciser, pas de façon positive. La brillante chanteuse Mathilde ainsi que Lizzy Howell, géniale danseuse en surpoids, reçoivent quotidiennement des flopées de commentaires haineux, malgré leurs messages inspirants qui visent à briser les stéréotypes dans leurs milieux respectifs. En revanche, si une grande fille blonde mince fait la même danse, les commentaires seront de cet ordre : « Elle est trop fraîche, géniale, quel naturel, quel talent », etc. L'autrice, coach et streameuse Shérazade Leksir (du compte Instagram @stopgrossophobie) raconte l'histoire politique du mouvement *Body positive* et sa déformation en un outil de consommation qui a amené une fausse idée de l'acceptation de soi, mêlant le vécu des femmes minces et rondes comme s'ils étaient équivalents en négligeant le privilège que les premières retirent d'un monde en leur faveur[1]. S'accepter quand les autres vous rejettent ne revêt pas le même enjeu.

Des psys se sont penchés sur ce problème : « Les stéréotypes sur l'apparence qui réduisent les femmes à des objets sexuels pullulent, que ce soit à la télévision, dans les magazines, la pornographie ou la publicité. Cette image de la femme-objet sert l'industrie de consommation en poussant les femmes à acheter moult vêtements et produits censés leur permettre d'atteindre l'apparence “idéale”, combinant

1. Elle a notamment publié *T'as un joli visage* (Kiwi, 2023).

jeunesse et minceur le plus longtemps possible. Si l'utilisation commerciale de certains canons de beauté épargne de moins en moins les hommes, la surabondance des images de la femme-objet va de pair avec des exigences de jeunesse et de beauté bien plus grandes pour les femmes, engendrant d'ailleurs avant tout chez elles des conséquences psychologiques délétères », analyse ainsi Sophie Heine, dans *La Revue politique belge*[1]. Contre la femme-objet, il est plus que jamais temps de s'unir !

Le voile de nos ennuis

On harcèle les femmes quand elles se découvrent, mais on les harcèle aussi quand elles se couvrent. Si on considère que le voile est un instrument d'oppression des femmes, et si on considère que des hommes obligent ces

1. Sophie Heine, « Apparence physique : les femmes sont toujours perdantes », *La Revue politique belge*, nº 72, 2011, consultable en ligne.

femmes à porter ces voiles, alors pourquoi les débats publics s'en prennent-ils sans cesse à ces femmes et jamais (ou bien moins) à ces hommes qui les y obligent ?

D'abord, je veux le dire clairement, la situation en Iran, pays dans lequel les femmes doivent sortir voilées, est une terrible oppression. Je suis allée à des manifestations de soutien aux femmes iraniennes et je me battrai toujours pour que les femmes, en Iran et en Afghanistan comme partout dans le monde, vivent libres ! C'est une honte que des pays puissent punir et tuer des femmes au motif qu'elles ont refusé de porter un voile. Là, on est au-delà de la validation masculine : on est dans un système qui vise à faire disparaître les femmes de l'espace public, ou même des photos. Souvenez-vous de ce catalogue IKEA qui, en 2012, avait utilisé un logiciel pour supprimer des photos de femmes de ses mises en scène dans les versions destinées aux pays du Golfe sous régime islamiste. C'était lunaire. Ils tuent symboliquement les femmes et les tuent réellement dans bien des régimes, comme quand on lapide les femmes jugées adultères ou qu'on empêche les filles d'aller à l'école ou chez le médecin parce que ce sont des filles.

La situation est bien sûr différente en France où on ne tue pas une femme pour ce qu'elle porte ou non. Toutefois, le voile donne lieu ici à des débats qui animent et enflamment régulièrement l'opinion, la plupart de temps sans demander l'avis des principales intéressées. Ce qui me dérange, c'est qu'on ne s'en prend pas aux bonnes personnes : on attaque les femmes qui choisissent de porter le voile ou le burkini plutôt que les hommes radicalisés qui imposent le port du voile. Les études ou les enquêtes qui chercheraient à donner la parole à ces femmes peuvent être comptées sur les doigts d'une main. Leur parole n'intéresse personne parce que, dès le départ, on fait peu cas de leur avis. Je suis contre le fait que l'on oblige les femmes. À quoi que ce soit. Or, harceler systématiquement les femmes qui ont fait le choix de porter le voile est de l'ordre de la validation masculine : cela ne regarde personne d'autre qu'elles. Même si vous êtes en désaccord avec le principe même du voile, demandez-vous, avant de commenter, si vous feriez la même remarque concernant un homme portant un signe religieux et même fondamentaliste. Si la réponse est non, vous êtes en train de pratiquer la validation masculine.

De manière générale, les hommes sont toujours ceux à qui l'on demande de s'exprimer sur des débats qui concernent en premier lieu les femmes : c'est le cas pour le voile, pour l'IVG. Est-ce utile de redire que la parole d'une femme est plus valide que celle d'un homme quand il s'agit de parler du corps des femmes ? Les plateaux télé ont un peu trop tendance à l'oublier.

Et sur le plan professionnel, discriminer, choisir de ne pas employer des femmes qui ont toutes les compétences pour un emploi au motif qu'elles portent un voile est une honte. Je pense qu'on devrait pouvoir porter le voile et être Première ministre, comme on devrait pouvoir porter une minijupe et un croptop et être Première ministre !

Lâchez-nous le croptop !

Qui n'a jamais kiffé, les beaux jours venus, porter un croptop pour se sentir fière et à l'aise ? Mais ce faisant, que celle qui n'a jamais reçu une remarque dans la rue ou dans un parc lève la main et me fasse signe. Si ce vêtement est synonyme de liberté pour nous, il nous rend tout aussi vulnérables dans l'espace public, qui n'apprécie guère de nous voir découvrir nos nombrils. Les habits des femmes et des jeunes filles sont un sujet inépuisable de validation masculine.

D'un point de vue historique, le contrôle de la tenue vestimentaire des femmes a toujours été un enjeu à la fois social et politique. Le fait de ne pas respecter les règles a souvent fait avancer la cause ! Pensons à Suzanne Lenglen, première joueuse de tennis internationale. Elle a décidé, au début du XXe siècle, de jouer en jupe courte, une jupe qui tombait au-dessus du genou (alors qu'elle frôlait le sol avant). Scandale à l'époque ! Plus récemment, dans le même sport, souvenons-nous des polémiques autour de la combinaison moulante de Serena Williams. À tel point que le président de la Fédération française de tennis, Bernard Giudicelli, avait déclaré en 2018 : « Je crois qu'on est parfois allé trop loin. La combinaison de Serena cette année, par exemple, ça ne sera plus accepté. Il faut respecter le jeu et l'endroit. » Encore une fois, c'est un homme qui décerne un brevet d'acceptabilité quant à l'apparence d'une femme. Elle est allée trop loin selon quels critères, par rapport à l'avis de qui ? Comble de l'absurdité, sa combinaison répondait en fait à des besoins médicaux… Combishort moulante, minijupe en jean avec baskets montantes, collants résilles pour jouer, il est vrai que Serena avait l'habitude de défier les diktats imposés aux joueuses de tennis, copies conformes en jupettes blanches. À la naissance de sa fille, elle revenait sur son expérience de joueuse et écrivait dans une lettre ouverte à sa mère publiée sur *Reddit* : « Je suis fière de pouvoir leur montrer à quoi certaines femmes ressemblent. Nous ne sommes pas toutes pareilles. Nous avons des courbes, sommes fortes, musclées, grandes, petites, pour n'en nommer que quelques-unes, mais toutes similaires : nous sommes des femmes et nous sommes fières ! »

À propos de sport et de tenues adaptées à la pratique, savez-vous d'où provient le croptop ? C'est, initialement, le vêtement d'une équipe masculine de football américain dont les joueurs, ayant souffert des fortes chaleurs sur le terrain, se sont mis à couper grossièrement leurs hauts aux ciseaux, ne gardant que la partie protectrice des épaules. Savoir que l'on donne aujourd'hui un sens ultra sexualisé à ce vêtement censé avoir été conçu pour son adaptabilité à une pratique sportive précise fait grincer des dents…

De ce point de vue, les collèges et lycées français sont une sorte de grand terrain de tennis en matière de codes vestimentaires. Récemment, des règlements anti-croptop ont par exemple fleuri sous un seul prétexte : « Ça va exciter les hommes et déconcentrer les élèves garçons. » Personne n'a jamais imposé aucun règlement, nulle part, sous prétexte que le petit polo Ralph Lauren de Théo peut exciter la prof de latin, ni que le jean moulant de Diego, élève de 3e B, risque de déconcentrer toutes les nanas de sa classe parce que Diego est bien monté. Pourtant, sans souci de cohérence, on nous explique à longueur de textes absurdes que bretelles, croptops, décolletés et petites robes sont des affronts à la pudeur et à la décence. En gros, les hommes s'émoustilleraient devant nos tenues jugées suggestives, mais nous, les filles, n'aurions aucune sensibilité face aux leurs !

Plutôt que de s'interroger sur l'éducation des garçons et leur propension à sexualiser les corps de leurs camarades, on exige des filles qu'elles se protègent du désir masculin, c'est-à-dire qu'elles se couvrent. On est donc en train d'apprendre aux filles à cacher leurs corps de crainte d'être trop validées. Bref à avoir peur. Honte. À être mal à l'aise. Ne pas oser. Ne pas se montrer.

J'ai consulté un forum de discussion de professeurs, et ce qu'on y lit est édifiant pour comprendre ce qui se joue pour nous avec cette tenue qui cristallise toutes les attentions.

Certains enseignants posent des questions à leurs collègues pour savoir comment faire une remarque aux élèves filles sur leur croptop. Confirmant la propension inéluctable des profs à commenter nos choix vestimentaires, l'une d'entre eux répond avec une comparaison en disant qu'il lui est arrivé de ne pas aimer la mode des grosses écharpes colorées, jusqu'à dire à ses élèves qu'elles étaient de « petites mémés[1] ». Heureusement, une autre professeure intervient dans la discussion et écrit :

L'argument qui semble ressortir pour interdire le croptop *est de préparer les élèves au monde du travail. Mais est-ce que tout est bon dans le monde du travail ? Par exemple, on peut supposer que 90 % des jeunes filles qui passent par nos bahuts vont subir du harcèlement sexiste à un moment de leur vie professionnelle. Est-ce que pour autant, nous aussi, on va leur expliquer que les stagiaires c'est fait pour le café*

1. Source : forum NeoProfs, « Faire une remarque à une élève qui porte un croptop ?», 11 mars 2022.

et les pipes ? Histoire de bien les préparer à ce qui les attend au boulot ? Préparer les élèves à leur vie professionnelle, oui (mais pas que, cela dit, je trouve ça important qu'on ait aussi et surtout des ambitions émancipatrices, mais je m'éloigne du sujet). En revanche, ça n'empêche pas de questionner les habitudes qu'on contribue par là à entretenir. Préparer nos élèves à la politesse ou à la ponctualité, par exemple, oui, sans problème. Préparer nos élèves au harcèlement sexiste, je pense qu'on s'entendra aussi pour dire non, sans problème. Sur les vêtements, je trouve que ça mérite réflexion : on sait que presque toutes les remarques vestimentaires concernent les femmes (oui, vous allez me parler du baggy qui laisse dépasser le caleçon, mais au final, en pourcentage, une écrasante majorité de ces remarques sont adressées à des femmes). Ce n'est pas un hasard, c'est parce que ces remarques traduisent un contrôle de la part de la société envers le corps des femmes, qu'on contribue à perpétuer (inconsciemment) au travers de ces remarques. Dès lors, est-ce vraiment si légitime que cela pourrait sembler au premier abord ?

Cette réponse me semble être celle que tous les professeurs devraient lire avant de réprimander une de leurs élèves pour le port d'un croptop. Au contraire, les enseignants devraient les considérer comme des Suzanne Lenglen ou des Serena Williams qui osent s'affranchir de la validation masculine pour se sentir pleinement libres dans leurs corps.

On le voit, le regard masculin est synonyme d'hypersexualisation des femmes, de désir incontrôlable et de pulsions quasianimales, mais on s'acharne sur les femmes comme si elles étaient le problème. Inversons le regard ! Entendons-nous bien, je ne prône pas l'abandon de tout code vestimentaire. Venir en minijupe et talons en cours de sport n'est bien sûr pas adapté. Comme le dit ma prof d'éducation physique et sportive, et elle a raison : « En maths, tu viens avec ta calculette, en sport, avec ton jogging. » Certains considèrent que nous manquons de respect. Encore faudrait-il nous dire envers qui. Porter un haut court, est-ce ne pas se respecter ? Quelle drôle de vision du respect ! Je me respecte en étant honnête, loyale envers mes amis, soucieuse de ma famille, polie envers les enseignants. Et je me battrai pour que les autres élèves puissent venir habillées comme elles le veulent, sans aucune limite. Aucun règlement intérieur, nulle part, jamais, ne devrait édicter des règles sur les tenues des filles. Si notre corps nous appartient, nos tenues nous appartiennent aussi !

La rue est à nous, à nos risques et périls

Est-ce qu'on se rend bien compte de l'insécurité spécifique des femmes dans l'espace public et du harcèlement de rue que nous vivons chaque jour, à la minute où nous sortons, avec ou sans faux ongles, avec ou sans croptop ?

En tant que femmes, certains quartiers nous sont interdits. Pour moi qui habite et ai grandi à Paris, si je dis à mes parents que je sors à Barbès-Rochechouart, un quartier bien connu du 18e arrondissement, ils s'étouffent. Pour eux, c'est un endroit où les filles sont en danger. La validation masculine dessine ainsi les frontières des quartiers où nous avons le droit d'aller. Malheureusement, le sexisme ne connaît pas de géographie, et je suis susceptible de me faire harceler où que je sois, qu'importent mes vêtements et mon attitude. Aux yeux de la société, pourtant, si tu vas dans un quartier qualifié de « sensible » ou « populaire » par l'opinion publique, c'est que tu veux te mettre en danger. Si tu es agressée, on te demandera ce que tu faisais là-bas. Cette réaction revient non seulement à participer à la culture du viol en culpabilisant les victimes, mais c'est aussi penser que les quartiers plus aisés seraient le temple de la morale et du féminisme ! C'est aussi faire croire aux femmes qu'elles sont en sécurité dans les quartiers dits plus bourgeois.

Or, rien n'est plus faux, car il m'est arrivé de me prendre des remarques dans le jardin du Luxembourg ou sur le chemin du lycée. Et je ne parle ici que d'environnements urbains, mais c'est une réalité partagée dans les zones rurales, où la pression est la même ! Vivre dans un village ne veut pas pour autant dire que vous serez protégée. L'oncle Untel, le voisin Bidule, tous se permettent de dire si telle fille est à leur goût ou non. Partout, les hommes ont un avis sur nos déplacements. Les garçons, Paris n'est pas à vous, la rue ne vous appartient pas !

L'autre jour, j'étais assise à la terrasse d'un bar, tranquillement, avec une tenue que je n'ai pas à vous décrire parce que les femmes n'ont pas à se justifier sans cesse de leur tenue vestimentaire, en train de fumer parce que je fais ce que je veux. Un type, la cinquantaine bedonnante, tout fier et persuadé de détenir le pouvoir de régulation des mœurs du pays parce qu'il portait une cravate – moche, *by the way* –, s'est approché de moi et m'a demandé une cigarette. J'ai dit : « Non, j'ai pas de cigarette. » Le type a commencé à me faire la morale en présence de ma mère et de ma petite sœur pour nous dire qu'on n'avait pas à sortir habillées comme des putes, sans homme à nos côtés. Je suis une lycéenne et ce vieux mec qui a l'âge d'être mon grand-père s'est mis à nous faire des gestes salaces. Une copine de ma mère qui était avec nous lui a crié qu'on n'était pas en Iran, mais, croyez-le ou non, le type s'est mis à hurler de plus belle que, vu nos tenues, il ne fallait pas s'étonner que des hommes nous abordent.

Résumons donc la situation. Nous sommes assises à une terrasse en train de boire des diabolos grenadine en toute décontraction un midi de la fin août, et un homme qu'on ne connaît pas s'approche : premièrement pour nous embrouiller, deuxièmement pour nous dire que c'est de notre faute si on se fait embrouiller, troisièmement pour nous dire qu'il nous prévient qu'on va se faire embrouiller, le tout agrémenté de gestes pornos et de menaces. Un joli combo de n'importe quoi : voilà un exemple typique de validation masculine.

Le premier connard venu se croit le droit – et même le devoir moral – de nous donner son opinion sur nos tenues, nos copines, notre consommation, bref, notre vie elle-même. Ce n'est pas un phénomène isolé. C'est un fait récurrent. J'appelle ça le « gang des connards », et je suis persuadée qu'il arrive un âge où on va chercher les hommes pour leur donner une carte de membre avec un genre de Playbook : « Tiens, félicitations, au nom de la loi, tu appartiens au club très ouvert des connards et tu peux désormais te comporter comme tel. » Bien trop souvent, on confond le connard et le bad boy. On pense que les femmes attireraient les connards, or on le voit bien dans cet exemple : le connard est doté d'un radar à nanas et dès qu'il sent qu'il y en a une dans un périmètre de moins de cinq kilomètres à la ronde, c'est plus fort que lui. Le connard est comme un chien, il suit son odorat et son instinct, il fonce dessus et donne la liste de ses avis non sollicités.

La rue, mais aussi les bars et les boîtes de nuit, que je n'ai pas abordés ici, et plein d'autres lieux de l'espace public sont donc des espaces de conquête qui ne nous sont pas encore acquis. S'ils sont supposément accessibles à toutes et à tous, ils sont en fait le pré carré des hommes.

À l'infirmerie

Il est un lieu particulier au lycée, un lieu où, de manière encore plus assumée, on va porter un regard sévère sur les filles. Ce lieu, c'est l'infirmerie scolaire. Un garçon qui va se rendre à l'infirmerie va s'entendre dire qu'il a bien fait de venir pour se soigner.

Une fille qui va se rendre à l'infirmerie va commencer par se voir lire la liste des dernières dates auxquelles elle est déjà venue parce que, c'est bien connu, en tant que fille, vous n'avez qu'un quota de maladies sur une période donnée. Pire, une fille qui a le malheur de consulter pour maux de ventre va se voir accabler des visites de l'ensemble de ses camarades filles : « Vous les filles vous venez tous les mois à cause de vos règles, on ne peut pas tout faire, il faut apprendre à gérer ça toutes seules ! » En gros, une nana va toujours être soupçonnée de ne pas vraiment être malade, de jouer la comédie, de faire du cinéma, d'être une *drama queen*, et on te passera au détecteur de mensonge pour être certain que tu as vraiment très, très mal.

Et après tout, pourquoi tu voudrais cesser d'avoir mal ? « Il faut souffrir pour être belle », « Tu accoucheras dans la douleur », « L'amour ça fait mal » : on nous abreuve dès notre plus jeune âge de tant de poncifs nous expliquant qu'une femme doit souffrir, et en silence s'il vous plaît ! Il n'y a donc aucune raison pour qu'on aille à l'infirmerie chercher un soulagement ou un remède. Et je ne parle même pas des tendances de la recherche scientifique à délaisser carrément la question de la santé des femmes. La preuve : en 2023, on vient seulement de tester les protections hygiéniques avec du vrai sang et non de l'eau[1] !

1. Constance Vilanova, « Les chercheurs utilisent pour la première fois du sang pour tester des protections menstruelles », *Libération*, 19 août 2023.

Personnellement, je souffre d'endométriose. C'est une véritable maladie, mais elle est encore perçue par certains enseignants comme un caprice. Un truc de femme qui a ses règles et qui fait chier, en résumé. L'endométriose m'amène à être pliée dans mon lit dans le noir pendant des jours entiers. Je passe littéralement cinq à six jours par mois comme ça, dans l'incapacité la plus totale de simplement sortir de mon lit et de me lever. La première personne impactée par l'endométriose, c'est moi-même. C'est moi qui souffre, qui ai mal, qui me demande quel impact cette maladie aura sur mon avenir, mon couple, ma vie sexuelle, mes futurs enfants ou non. Il n'y a pas un jour sans que je me demande si ça va entraver ma carrière, ou ce qui se passera quand j'aurai des crises d'endométriose imprévisibles et que je devrai annuler à la dernière minute des rendez-vous importants. L'endométriose pèse aussi sur mon moral. Imaginez-vous rester une semaine sur quatre couchée dans le noir sans pouvoir vous lever ni voir personne, et dites-moi si vous avez envie de chanter du Hamza le sixième jour en sortant de votre lit.

Un jour, j'ai eu une crise si grave que le médecin s'est demandé si ce n'était pas l'appendicite. Ça m'a valu vingt-quatre heures aux urgences. Quelle ne fut pas ma surprise en découvrant que j'avais eu un zéro pointé à un oral d'anglais pour sanctionner mon absence ! Il avait pourtant bien été spécifié qu'il s'agissait d'une absence à cause de l'endométriose. Est-ce qu'on se rend bien compte du procédé ? En France, le pays de la Sécurité sociale et des arrêts maladie, on te « double-sanctionne » par un zéro quand tu es malade. Mais pas n'importe quelle maladie, non : une maladie du cycle menstruel. Pourquoi ? Parce que tu es une nana. Alors tu devrais prendre sur toi.

En revanche, si mon copain Samy explique à la prof qu'il était absent parce qu'il s'est cassé le bras, il n'écopera pas d'un zéro. Une fracture est un motif valable et sérieux. Mais l'endométriose, ce sont les règles, l'utérus, les trompes de Fallope, et tout ce qui dit que tu es une nana et que tu pourrais avoir la décence de prendre un Spasfon et faire l'effort de te pointer en cours. Il existe clairement un double standard qui déconsidère les maladies féminines et liées aux organes féminins. Si je m'appelais Samy et que je m'étais cassé le bras au lieu d'avoir de l'endomètre qui se répand dans mes organes au moment de mes règles, je n'aurais pas un zéro : j'aurais la possibilité de repasser mes oraux et d'obtenir une note qui soit le juste reflet de mon niveau habituel. À la place, ma moyenne générale a drastiquement chuté parce que je souffre d'une maladie du système reproducteur féminin qui fait proliférer l'endomètre dans les ovaires.

Je suis furieuse contre un système éducatif qui considère que, quand une fille souffre, il faut la casser encore plus et l'assommer de zéros jusqu'à ce qu'elle se brise vraiment. Je suis allée voir ma prof d'anglais et lui ai demandé de me retirer ce zéro : j'étais prête à repasser tous les devoirs sur table du monde. Je lui ai expliqué que j'avais de l'endométriose et que, ce jour-là, j'étais à l'hôpital. Vous savez ce qu'elle m'a répondu ? « Ben comment tu feras le jour du bac si t'as de l'endométriose ? Je laisse ton zéro, ça t'apprendra. » Ça m'apprendra quoi, exactement ? Notons que cette prof est une femme. Je ne sais plus qui parlait de sororité. Sororité mon cul, ouais.

Les profs ont un problème avec les règles, hommes ou femmes. Avant la prof d'anglais, j'avais déjà eu des problèmes avec mon prof de maths. Alors que je demandais à sortir de son cours et qu'il me le refusait, j'ai fini par dire : « Monsieur, s'il vous plaît, je souffre d'endométriose et j'ai besoin de sortir », et comme il semblait ne pas comprendre, j'ai poursuivi en disant : « J'ai mes ragnagnas quoi. » Fureur du prof. J'ai dit le mot tabou. « Ragnagnas ». Il m'a dit : « Ah, t'as tes règles ? Ah, tu veux sortir ? Eh bien, sors et ne reviens plus ! » J'ai été exclue des cours et marquée absente. Le summum : il m'a demandé ensuite de lui écrire une lettre d'excuse pour avoir prononcé le mot « ragnagnas » en classe. Quand mon père lui a téléphoné pour lui dire qu'il était hors de question que je m'excuse pour avoir eu mes règles et pour l'avoir dit, il a eu cette phrase : « Je sais ce que c'est, ma femme en souffre aussi. »

Heureusement, une fois que j'ai eu quitté la classe, des garçons ont protesté : « Mais, monsieur, nous ça ne nous a pas choqués qu'elle dise "ragnagnas" ! On sait qu'il ne faut pas que ce soit un tabou, laissez Emma tranquille ! » Je me suis sentie soutenue. Je n'ai pas été étonnée parce que je connais mes amis, je sais que pour eux, ce serait impensable de blâmer une fille parce qu'elle a ses règles. Nous sommes un groupe d'amis mixte, filles et garçons, et nous nous soutenons quels que soient nos problèmes, avec nos parents, nos peines de cœur, nos galères financières – bref, des amis, quoi. Mais ça m'a fait chaud au cœur de me dire que les mentalités évoluaient. Non, les garçons ne sont pas tenus de se comporter comme des porcs, ils peuvent aussi nous soutenir y compris face à des figures d'autorité comme les profs. Aucun d'eux n'a ricané parce que j'avais mes règles ou parce que j'ai dit « ragnagnas ». Ils ont protesté pour moi. Comme quoi, les connards ne sont pas toujours ceux qu'on croit.

2

Notre vie sexuelle ne vous regarde pas

La tyrannie du *body count*

Le *body count*, c'est le nombre de partenaires sexuels que vous avez eus, ou que l'on suppose que vous avez eus. Le problème, c'est que le *body count* n'est pas perçu de la même manière chez les filles et chez les garçons. Ainsi, si vous êtes une fille et que vous avez un *body count* élevé, vous êtes considérée comme la dernière des salopes. En revanche, si vous êtes un garçon, vous serez un génie à célébrer. C'est même un *life goal* chez les mecs ! Un type qui baise est un champion alors que nous, les nanas, nous voilà des « filles faciles », voire des « putes ». Encore une fois, la société distribue les rôles, et les femmes sont toujours lésées. Quand serons-nous traitées de la même façon ? Que l'on ait de nombreux rapports sexuels ou que l'on décide de ne pas en avoir et de rester vierge, c'est notre vie, c'est notre choix, il n'y a ni à nous *shamer* ni à nous féliciter. Ces préjugés sexistes préparent le lit des violences sexistes et sexuelles. Au motif que certaines femmes accumulent les relations sexuelles, dans la tête de certains hommes, c'est comme si elles étaient disponibles pour tout le monde. La validation masculine a des conséquences réelles sur nos vies et n'est pas déconnectée des discriminations que l'on subit – c'est un continuum. Mais oui, vous savez, cette notion qui établit qu'il y a un lien entre la blague sexiste, le harcèlement de rue et les viols de masse. Alors, non, messieurs, faut-il le rappeler, les femmes ne sont pas des instruments de plaisir dont on dispose, mais des êtres avec une volonté propre (si, si). Notre vie sexuelle ne vous regarde pas. Les filles, nous devons pouvoir baiser qui nous voulons sans que ce soit un sujet pour notre voisin de classe !

Le porno grand public, c'est vraiment le parangon de la validation masculine : des hommes qui produisent, des hommes qui scénarisent, des hommes qui regardent, des hommes qui en parlent, des hommes qui achètent, des hommes qui imposent leur vision de la sexualité des femmes et fixent un genre d'idéal. Je ne parle pas du porno féministe ou inclusif, qui émerge et qui fait débat. Mais dans ce porno « à la papa », sans surprise, on juge les femmes selon leur adéquation à ce modèle, et si on correspond peu à l'actrice de porno, on est considérée comme une sainte-nitouche ou, à l'inverse, on est une pute.

Le porno est une industrie qui génère des profits colossaux. Mais les réalités qui la sous-tendent sont diverses, et souvent violentes. Qu'un porno plus respectueux, plus inclusif, avec des corps plus représentatifs de la réalité prenne de l'ampleur (et on s'en réjouit) ne doit pas être une raison pour manquer d'interpeller l'opinion sur les violences internes au milieu.

En octobre 2023, le haut conseil à l'Égalité rendait un rapport mentionnant qu'on trouve « des violences physiques et sexuelles dans 90 % des vidéos en ligne », qu'elles soient mises en scène ou qu'il s'agisse d'agressions réelles. Les conséquences en sont gravissimes, pour les actrices comme pour les représentations de la sexualité que se forgent les personnes qui les regardent. Pourtant, le tabou qui entoure cette industrie empêche une prise de position sociétale sur la question.

D'ailleurs dans *13 Reasons Why*, super carton de livres et de films quand on était au collège, les filles de ma génération se souviennent très certainement des raisons qui poussent Hannah Becker à se suicider. Parmi elles, la question du *slut shaming* revient régulièrement. Le *slut shaming*, c'est cette manière de faire honte aux femmes de leur vie amoureuse ou sexuelle, réelle ou supposée. On parle ici d'une fiction canadienne, me direz-vous, mais de quoi s'agit-il par exemple dans l'affaire Shaïna ? Vous savez, c'est cette jeune fille victime de harcèlement qui a été violée, poignardée et brûlée vive en 2019. Elle avait été *shamée*, on avait diffusé des photos d'elle pour l'humilier. C'est la même chose dans ces multitudes de phénomènes de harcèlement scolaire où des élèves vont se mettre à blâmer une fille pour son comportement avec un garçon. Avez-vous déjà entendu dire qu'un garçon aurait été harcelé en cours parce qu'il avait trop de conquêtes féminines ? Jamais. Alors demandons-nous pourquoi.

Arrêtez de poster des photos de nanas dénudées ou en train d'avoir des rapports sexuels. Arrêtez de mépriser les filles avec qui vous avez couché, non pas parce que « c'est comme cracher dans sa propre assiette », comme dit un pote, mais juste parce que ce sont des êtres humains. Arrêtez de considérer qu'il faut respecter les femmes quand ce sont vos meufs, vos sœurs, vos cousines ou votre mère. Celles qui n'ont pas de frère méritent aussi le respect. Et puis arrêtez de penser qu'on devrait avoir honte d'avoir été prise en photo en train de baiser avec vous – notre seule honte, c'est votre réaction pathétique de gamin émerveillé par du touche-pipi alors que vous devriez avoir des préoccupations plus matures. « Oh, mon Dieu, un bout de sein ! »

On est juste des *targets* !

L'autre jour j'étais avec ma copine Lilou qui venait de se faire larguer par son mec, Lucas. On était à l'arrêt de bus, assises, et je prenais Lilou dans mes bras. Deux types passent en voiture. Ils crient : « Hep ! Hep ! Vous êtes lesbiennes ? » Je lui réponds : « En quoi ça te concerne, frère ? » Il me fait : « Je vous trouvais mignonnes, mais si vous êtes lesbiennes, ça casse tout ! »

Donc ces inconnus ne se soucient pas une seule seconde de savoir pourquoi nous sommes en train de nous réconforter. Non, ce qui les préoccupe, c'est leur point de vue sur nous et notre orientation sexuelle. Et ils éprouvent le besoin impérieux de nous signifier, en criant à travers la portière de leur voiture, qu'ils nous trouvent à leur goût, et qu'on n'a pas intérêt à être lesbiennes si on veut qu'ils nous valident. On est juste des *targets*, des cibles, là pour leur bon plaisir.

« Tu verras, ça te passera », « C'est juste parce que tu n'as pas encore rencontré le bon », « Ce n'est pas vraiment du sexe (ou de l'amour) » sont des remarques que toute lesbienne a entendues au moins une fois dans sa vie. Il est déjà difficile de faire son coming out (la relation qu'on entretient avec la personne à laquelle on se confie pourrait s'en trouver changée à jamais, sans compter les violences qu'on encourt encore aujourd'hui), mais il faudrait en plus se justifier. Ce n'est pas un caprice.

Face aux femmes lesbiennes, il reste un gros malaise de comportement de la part d'une société hétéronormée qui entend savoir qui est vraiment lesbienne ou pas. Par ailleurs, certains garçons se servent d'une fausse tolérance vis-à-vis des femmes lesbiennes dans le but de nourrir une homophobie à l'encontre des garçons. C'est par exemple cet homme qui dit : « Moi, les lesbiennes, je suis OK, mais les gays ça me dérange, je veux pas qu'ils m'abordent. »

Donc, ce prétendu respect envers les lesbiennes (qui leur a demandé de nous valider ?) s'accompagne en fait d'homophobie crasse (cherchez l'erreur) car, ne désirant pas les garçons, ils les méprisent et refusent de les côtoyer. Pour couronner le tout, si leur « gaydar » ne leur permet pas d'identifier une fille comme ouvertement lesbienne, ils se permettent de l'aborder, alors qu'ils ne supporteraient pas qu'un homosexuel en fasse autant. Il n'y a ici aucune symétrie ni aucun respect.

Beaucoup d'hommes hétéros cisgenres (se dit d'une personne qui se reconnaît dans le genre assigné à sa naissance) « tolèrent » les lesbiennes, voire les encouragent, uniquement si elles correspondent à une certaine idée de la lesbienne « utile » pour leur propre vie sexuelle. C'est-à-dire la lesbienne correspondant à l'imaginaire hétérosexuel masculin et au *male gaze* comme dans *La Vie d'Adèle*, où les scènes de sexe sont destinées à exciter les garçons et non à satisfaire les lesbiennes. Saviez-vous que la catégorie « lesbienne » était l'une des plus recherchées sur les sites pornographiques ? C'est aussi cette vidéo scandaleuse qui a fait le tour des réseaux, celle de deux jeunes lesbiennes que des hommes hétéros forcent à s'embrasser dans le métro dans le but qu'elles leur rejouent « en vrai » une scène de film pornographique. Cette attirance pour les relations sexuelles entre femmes ne naît pas d'une acceptation, voire d'une tolérance, mais uniquement d'un désir sexuel. Les lesbiennes de la vraie vie ne sont pas les lesbiennes de Pornhub. Non, les lesbiennes ne sont pas vouées à satisfaire vos envies !

Tu trouveras un mari, ma fille

La maison est censée tenir lieu de cocon familial, représenter une *safe place* hyper rassurante, notamment pour nos générations qui ont traversé des épisodes de confinement, nous obligeant à rester cloîtrés ensemble et à vivre les uns sur les autres, entre ceux qui faisaient leur pain bio maison et les autres qui préféraient leur séance de yoga. Hormis les parents réellement maltraitants, et je sais qu'il y en a, j'imagine que l'immense majorité des parents veulent le bien de leurs enfants. Pourtant, dès qu'on donne plus d'argent de poche au fils qu'à la fille, dès qu'on projette sa fille dans son futur mariage et son fils dans sa réussite professionnelle, et chaque fois qu'on demande à Ninon de venir mettre la table tandis que Dino peut rester jouer à la *Playstation*, on perpétue sans s'en rendre compte des inégalités inconscientes entre les filles et les garçons. Sans parler de toutes ces fois où l'un a le droit de sortir et pas l'autre.

La famille est le premier cercle où une femme fait l'expérience de la validation masculine. Les relations houleuses entre une femme et sa belle-mère en sont l'exemple le plus patent. C'est à qui décrochera la validation du fils (ou du mari) en cochant toutes les cases d'une féminité modèle : qui fera la meilleure tarte aux pommes maison, qui apaisera le mieux l'ego viril des hommes, qui repassera le mieux les chemises. On adorerait les voir se liguer contre ce fils et époux un peu trop sûr de lui en lui laissant la pile de linge par exemple. Qui connaît une femme dont l'épitaphe sur sa tombe serait « Elle repassait super bien les chemises de son mari » ? Personne, bien sûr, c'est si absurde.

On nous rabâche qu'une vie réussie, pour une femme, c'est d'être une épouse et une mère respectable. Il n'y a qu'à voir l'engouement actuel pour les *tradwives* aux États-Unis, qui prônent le grand retour de la femme au foyer. Aucune femme n'a marqué l'histoire pour cela. En revanche, son mari a pu se consacrer à sa carrière en ayant une ménagère à disposition. Il y a quelques années, j'étais consternée devant mon écran en assistant aux embrouilles entre Victoria Beckham et Nicky Beckham, sa belle-fille : ça se dispute à coups d'interviews interposées pour savoir qui aime le plus Brooklyn Beckham. Au-delà de l'aspect surjoué de la téléréalité, ce sont encore des dynamiques fortement ancrées dans nos relations familiales.

Animées par l'esprit de ce que j'appellerais la « positivité toxique », ou disons de « bienveillance saoulante », nos daronnes et nos tantes s'acharnent parfois sur notre physique. À notre petite sœur qui se plaint de se trouver trop grosse, que répondent-elles ? « L'important, c'est d'être bien dans son corps » ? « Quel que soit ton physique, tu peux l'apprécier » ? Ou tout autre message de *body positive*... ? Que nenni ! Voilà que j'entends une de mes tantes, membre de toutes les associations féministes du monde, dire : « T'inquiète pas, tu verras plus tard, les hommes aiment les formes. » Pardon ? Ai-je bien entendu ? « Les. Hommes. Aiment. Les. Formes. » Mais qu'est-ce que les hommes viennent faire dans la discussion ? Quand une gamine de 11 ans demande à être rassurée, la première chose qu'on lui répond porte donc sur le regard des hommes ? Demander à une mineure de se projeter dans le regard des hommes. Lui dire qu'elle n'existe que pour satisfaire le désir d'autrui. Être réduite à un état d'objet sexuel. Trop, c'est trop. Moi, 1,72 mètre, 50 kilos, je la ramène : « Ah ouais, intéressant ! Tu dirais quoi à une fille complexée parce que trop plate et trop mince, alors ? Les hommes ne vont pas l'aimer parce qu'elle n'a pas de formes. On la *cancel* ? » Stupeur de ma tante. Je ne dois pas le prendre comme ça car j'ai une taille mannequin. Encore mieux. À ma sœur la faveur des hommes, à moi les couvertures de magazines – les deux sont irréconciliables, je serai mannequin et célib' et ma sœur une grosse bobonne, c'est ça ?

Cette sorte de validation masculine n'est qu'une évolution un poil améliorée du « bonne à marier », ou quand vous avez une famille méditerranéenne comme moi, il faut être « *pronta marita* ». Sérieusement. Ma grand-mère, toute fière d'elle, pensait me faire un compliment : « Bravo, t'es bonne à marier », tout ça parce que j'ai mis la table. Bienvenue au XXIe siècle. L'idée qu'une femme gère le foyer est toujours un impensé dans notre société, et le fait que je sache me servir d'un lave-vaisselle et disposer quatre assiettes autour d'une table soit vu comme un prérequis pour ma future vie de couple est toujours une preuve indélébile de notre aliénation domestique. Les tâches ménagères sont toujours réparties de manière très inégale et pèsent sur les femmes, et c'est pour ça que Titiou Lecocq dit haut et fort que « le combat féministe se gagne devant le panier de linge sale[1] ».

Ces commentaires font l'effet d'une machine à remonter le temps, ils nous replongent à travers les siècles. Sauf que ce ne sont pas des épisodes anodins, bon nombre des échanges quotidiens avec ma famille sont imprégnés de ces discours. Au passage, dès que quelqu'un me dit que, plus tard, je trouverai un mari, j'ajoute : « Ou une femme. » Effet garanti sur une génération qui a milité pour la reconnaissance des droits LGBT et le Mariage pour tous, mais n'est toujours pas à l'aise à l'idée que sa nièce ou sa petite-fille se marie avec Gina et pas avec Jean-Eudes. Ou même qu'elle se marie tout court. C'est une espèce de validation familiale qui attend de nous qu'on soit dans la reproduction de la communauté, pour rendre fiers les parents. Mais ma vie amoureuse n'a pas pour objet de rendre mes parents fiers. Pour moi,

1. Titiou Lecoq, *Libérées ! Le combat féministe se gagne devant le panier de linge sale* (Fayard, 2017).

« fier », c'est le mot que j'écris sur ma pancarte quand je vais à la Pride.

Validation au berceau

Ma petite cousine Olivia est super chou. L'autre jour, elle pleurait et tapait du pied, elle était contrariée et personne ne savait pourquoi. Ma grand-mère : « Oh, c'est sûrement un caprice. » Peut-être. Mais peut-être pas, si ? Pourquoi une fille qui tape du pied fait un caprice ? Si c'était mon petit cousin Olivier, est-ce qu'on ne louerait pas son caractère déterminé et sa capacité à se faire entendre ? Une étude menée par l'institut des neurosciences Paris-Saclay[1] met bien en valeur le mécanisme de validation masculine que l'on transpose y compris sur les pleurs des bébés. Dans les expériences des chercheurs, des pleurs de bébés

1. D. Reby, F. Levréro, E. Gustafsson *et al.*, "Sex stereotypes influence adults' perception of babies' cries", *BMC Psychol* 4, 19 (2016), consultable en ligne.

ont été présentés à des adultes soit comme des pleurs de garçons, soit comme des pleurs de filles. Les auditeurs et les auditrices devaient alors se prononcer sur le degré de masculinité ou de féminité des bébés. Sans hésitation, les participants classaient les prétendues filles aux pleurs aigus comme plus féminines que les autres, et *vice versa* pour les garçons. En d'autres termes, les adultes considèrent donc que féminité et masculinité peuvent se traduire dans leurs pleurs !

Les mêmes résultats ont été obtenus avec des pleurs dont le son avait été artificiellement modifié, sans qu'aucune autre caractéristique soit changée. Les adultes utilisent ainsi ce qu'ils connaissent des voix humaines après la puberté – les voix d'hommes sont en moyenne plus graves que les voix de femmes – et l'appliquent aux bébés qui, pourtant, échappent à cette règle.

Dans une dernière série d'expériences, les mêmes pleurs sont soumis à deux groupes. Pour les adultes du premier groupe, les pleurs ont été étiquetés « filles », tandis qu'ils étaient étiquetés « garçons » pour le second groupe.

Interrogés sur leur perception des pleurs, tous les participants ont identifié les pleurs les plus aigus comme ceux qui exprimaient le plus de besoin de la part du bébé. Mais les hommes adultes ont considéré que les pleurs de « garçons » exprimaient plus d'inconfort que les mêmes pleurs présentés comme de « filles ». Les femmes, quant à elles, n'ont pas fait de différence entre le sexe indiqué. Les hommes auraient ainsi tendance à considérer que les garçons ne pleurent que lorsqu'ils ont vraiment mal, et que les filles pleurent pour un rien…

Ces résultats démontrent la force de nos projections sur les enfants, et donc aussi celle de la perpétuation des stéréotypes. Ils mettent en évidence la manière dont on se raccroche au genre supposé des individus, en l'occurrence des bébés, pour évaluer la légitimité de leurs demandes, de leurs besoins. Cette invalidation des bébés filles est flagrante et donne bien sûr des conséquences négatives sur la suite… Arrêtons ! Chaque fois qu'un bébé exprime un besoin, concentrez-vous sur ce besoin, s'il vous plaît, pas sur ce qu'il a entre les jambes.

À ce propos, notons que le refus d'une partie croissante de ma génération d'avoir des enfants secoue profondément les générations précédentes. « Mais si, tu veux des enfants, tu vas voir plus tard », répètent les adultes en réponse à nos objections. Mais non, la planète brûle, la guerre est partout, les gens n'ont plus d'argent pendant que le patron de Total se gave, donc non, là, dans ce monde, avouons qu'on n'est pas vraiment sûrs de vouloir des enfants.

Si une telle ne veut pas d'enfant, c'est forcément qu'elle n'a pas compris le principe de la nature humaine et qu'elle va changer d'avis quand elle aura… rencontré un homme. Bien sûr. Pourquoi n'y avait-on pas pensé avant ? Encore une fois, c'est un homme qui valide ou non sa décision de ne pas avoir d'enfant…

Il n'y a rien de pire que les darons qui veulent plaquer sur la Gen Z leurs vieux schémas. « C'est normal, ça va venir plus tard », nous rabâchent-ils. Pour eux, la femme doit absolument être mariée et avoir des enfants. Et pourtant, un homme qui dit ne pas vouloir d'enfant à 30 ans, on lui fout la paix ! Mais non, on te demande de chercher un mec dès l'âge de 20 ans en t'alertant sans cesse sur ton horloge biologique qui tourne. Mais moi aussi, je peux être une business woman et vivre ma vie. Et c'est anormal qu'une fois encore le choix d'un garçon soit respecté et celui d'une fille, nié. Que vous soyez Macron ou Tata Ginette, lâchez-nous les ovaires avec votre réarmement démographique !

3

Notre réussite ne dépend que de nous

L'enfer du système scolaire

C'est assez dingue de constater que le même fait, commis par une élève fille ou par un élève garçon, va être interprété différemment et donner lieu à des jugements différents de la part du corps enseignant comme de toute personne adulte du lycée. C'est un double standard permanent.

« *Emma, qu'est-ce que tu es pipelette.* »

« *Les filles, ne vous mettez pas à côté l'une de l'autre, vous allez encore faire des histoires.* »

« *Thalia, c'est une vraie* drama queen. »

Ces phrases bourrées de préjugés et de qualificatifs essentialisants, toute élève de genre féminin les a déjà entendues dans la bouche de ses enseignants.

Avec le fait d'être une fille vient toute la panoplie ancestrale de l'hystérique : on est trop dans l'émotion, on s'exprime trop, on se crêpe le chignon… Alors qu'un garçon qui va pleurer va être touchant. La lecture des bulletins de notes et l'écoute des commentaires lors des conseils de classe sont assez flagrantes. Théo est leader, Tania fout la merde. Lorsque Dylan et Marcello se disputent ? Ils ont un désaccord. Si Chloé et Alma se disputent ? Oh ça, c'est les filles entre elles, je vous avais dit qu'il fallait les séparer.

Le système scolaire est une validation permanente. Pas une validation masculine à proprement parler, mais une validation qui pèse davantage sur les filles que sur les garçons. Validation pour aller aux toilettes pendant ses règles. Validation de la tenue. Réflexions sur les amitiés ou sur les relations personnelles.

Validation par les notes. D'ailleurs, le sentiment de recherche de validation à travers les résultats scolaires est supérieur chez les filles à cause du syndrome de la bonne élève : l'habitude que nous avons d'être validées partout, tout le temps, produit une peur panique de décevoir les autres, et donc de ne plus exister sans leur validation.

En classe, je suis frappée de constater à quel point les garçons osent prendre la parole sans jamais craindre de se tromper. Tandis que nous, les filles, sommes habitées par cette peur. Un garçon qui parle sans cesse sera « communicatif » ; une fille qui parle sans cesse sera « bavarde ». Bavarde, pleureuse, faiseuse d'histoires… Imaginons qu'il y ait un problème entre deux élèves qui se crient dessus et se menacent dans la cour. Disons que l'un a piqué le casier de l'autre, par exemple. Un garçon qui dévoile le problème au CPE sera un sauveur ; une fille qui fera état du problème sera une rapporteuse. C'est systématique. On considère que les hommes administrent les grands enjeux de la vie en société, alors que les filles font des commérages. Un même fait sera interprété très différemment, comme pour dire aux filles que ce qui concerne les autres « ne les regarde pas ».

Déconcertée par l'inaction des professeurs, j'ai entrepris des recherches pour mettre la main sur des documents de formation en accès libre, dans lesquels j'ai appris que les profs sont censés lutter contre l'invisibilisation des filles. Voici notamment ce qu'on peut y lire :

Comme pour l'espace physique, les garçons ont davantage tendance à occuper l'espace sonore, à intervenir sans y avoir été invités, ou à couper la parole pour exprimer leur point de vue (comme pour ce qui précède et ce qui suit, les « garçons » désignent une catégorie, tous n'agissent pas de même, comme toutes les filles n'ont pas les mêmes comportements). Il est parfois tentant pour l'adulte de donner la parole à un garçon qui la demande ostensiblement, au risque de s'exposer à des manifestations de dépit, plutôt qu'à une fille qui lève patiemment la main. Ces différences de traitement renforcent les stéréotypes liés aux rôles sociaux masculins et féminins. Filles et garçons peuvent s'autoriser certaines conduites en tant que filles ou en tant que garçons, comme si cet état de fait était le résultat de différences « naturelles ». En classe, on peut souvent observer que l'enseignant ne donne pas nécessairement la parole aux élèves filles ou garçons pour les mêmes raisons : aux filles le rappel des savoirs, aux garçons la proposition de solutions innovantes. Les filles sont félicitées pour leurs résultats, les garçons encouragés pour leur potentiel[1].

En classe, les garçons peuvent donc pratiquer le *manterrupting* sans vergogne (se dit du comportement typiquement masculin consistant à couper la parole aux femmes quand elles parlent), mais nous, les filles, sommes contraintes de nous taire et d'attendre notre tour.

Heureusement, j'ai eu énormément de profs géniaux qui m'ont beaucoup soutenue et aidée

1. Source : réseau Canopé.

dans des moments difficiles. Mais ce n'est pas le cas pour toutes. La validation permanente des profs est un problème. En plus d'une différence de traitement entre filles et garçons, l'école française est particulièrement archaïque dans sa conception de la pédagogie. En Suède, en Norvège ou en Finlande, on privilégie des systèmes d'entraide entre élèves pour progresser plutôt que des remarques assassines et culpabilisantes comme : « 2/20, je savais que tu raterais, mais quand même pas à ce point-là. » La France s'acharne à entretenir un système de notations qui, comme nous l'avons vu, n'est autre qu'un prolongement et une expression de la validation masculine : le système de notes étant très subjectif, il reproduit un certain nombre de schémas et de stéréotypes de genre. Après ça, difficile de s'étonner que les filles s'éloignent des filières scientifiques, ou que nous passions notre temps à nous autocensurer ! Si, dès qu'on ouvre la bouche, des pop-up avec écrit « diva », « capricieuse », « bavarde » surgissent au-dessus de nos têtes, comment nous demander de prendre davantage la parole, d'avoir confiance dans nos propres raisonnements ? Arrêtez de nous commenter !

Validation masculine et santé mentale

La santé mentale des jeunes est un problème que personne ne semble réellement en mesure de prendre en compte. Nous sommes une génération qui a connu un enfermement total puis partiel pendant de longs mois à la faveur du confinement. Certains d'entre nous ont été enfermés dans des appartements minuscules, d'autres sont restés cloîtrés avec une famille violente, d'autres encore ont été coupés de tout lien social, et même de toute lumière. Aucune étude sérieuse sur l'impact du confinement chez les jeunes n'a été menée. Notre santé mentale est même source de vannes de la part des adultes qui estiment qu'on s'écoute trop. On l'a vu dans toutes les dernières saisons de la Star Academy, par exemple en 2022, quand Julien mentionne sa dernière crise d'angoisse et que Laure, la prof d'expression scénique, lui crie :

« Ben t'avais qu'à t'évanouir, au moins t'aurais fait quelque chose ! » Voilà une remarque qui aurait peut-être pu passer il y a vingt ans, mais qui n'est plus acceptable aujourd'hui : Laure s'est pris un sérieux bad buzz sur les réseaux.

Mais au-delà de l'enjeu générationnel, le fait est que les filles sont davantage concernées par les problèmes de dépression ou de déprime. Sur le site Vidal, une référence en matière de santé, la dépression chez les adolescents est perçue comme une « période perturbée et perturbante [...]. On estime qu'environ 3 % des adolescents connaissent une période de dépression, et que deux tiers d'entre eux sont des filles[1] ». Une toute récente étude de Santé publique France alerte sur la santé mentale des jeunes filles : la santé mentale des adolescents s'est « nettement dégradée » entre 2018 et 2022 et « cette dégradation est plus marquée chez les jeunes filles et creuse l'écart garçons-filles déjà

1. Source : https://www.vidal.fr/maladies/chez-les-enfants/depression-enfant-adolescent.html [consulté le 14/11/2024].

observé auparavant[1] ». Des propos sans prise de position franche et ouverte. On se demande pourquoi les adolescentes dépriment ? Mais allons-y ! Regardons un peu en face les vraies raisons.

Parlons par exemple de l'écoanxiété et de la planète qui brûle sans que les générations au-dessus de nous semblent s'affoler. Nous sommes des milliers à nous mobiliser, un fait qui semble leur échapper. Parlons aussi de la pression du système d'orientation qui nous prive de tout droit à une deuxième chance. Pire encore, les questions de harcèlement et de violences sexistes et sexuelles sont souvent mises de côté. Il faut attendre les suicides des nôtres pour que l'opinion publique se rende compte de la gravité de la situation.

1. Conclusions de l'étude EnCLASS publiées en avril 2024. Selon les chiffres rapportés par cette étude, les hospitalisations psychiatriques sont en hausse de 246 % chez les filles de 10-14 ans et, au lycée, 31 % des filles déclarent avoir eu des pensées suicidaires au cours des douze derniers mois (contre 17 % chez les garçons).

Si deux tiers des filles sont concernées par la dépression adolescente, c'est qu'on ne peut sans doute pas résumer le problème à « l'acceptation des transformations de son corps ». Au-delà du confinement et de l'écoanxiété qui touchent indifféremment filles, garçons et non-binaires, un sujet majeur concerne plus particulièrement les jeunes filles. On ne peut pas déplorer les tentatives de suicide des adolescentes sans faire le parallèle avec les violences sexistes et sexuelles. La CIIVISE[1] a mis en lumière les violences sexuelles commises sur les mineurs grâce au travail infatigable du juge pour enfant Édouard Durand. On parle de 160 000 enfants concernés chaque année. Si votre fille, votre nièce ou votre élève déprime, peut-être seriez-vous bien avisés de mettre le sujet des violences sexuelles sur la table et de lui demander si elle en a subi.

En effet, sans obsédés sexuels dans les environs, sans remarques incessantes sur nos faits et

1. C'est le nom de la Commission indépendante sur l'inceste et les violences sexuelles faites aux enfants.

gestes et sans invalidation de nos tenues, peut-être n'aurions-nous pas ces chiffres-là. Les violences sexistes et sexuelles ont un impact direct, des attouchements de Pépé au pervers inconnu qui nous harcèle dans le bus en rentrant chez nous. Vos violences sexuelles, vos mains, vos bouches, vos mots, vos soupirs, vos désirs non sollicités nous dépriment. Vos remarques salaces, vos commentaires sur nos corps, vos regards dégueulasses nous dépriment. Que vous imposiez vos bites partout dans nos vies nous déprime. Notre santé mentale compte. Ou, en tout cas, devrait compter. Si elle ne compte pas pour vous, vous êtes des connards. Arrêtez.

Cessons d'acclamer les hommes féministes

La première rencontre d'une de mes copines de lycée avec le monde du travail s'est révélée sexiste, choquante et violente, mais malheureusement tout ce qu'il y a de plus fréquent. Voici son témoignage, qu'elle m'a autorisée à reproduire tant il met en lumière notre validation perpétuelle :

Je faisais mon stage de troisième dans le secteur du droit. Je veux être avocate pour défendre les femmes et les petites filles. Ou, en tout cas, une profession de cet ordre-là. Nous étions plusieurs à faire ce stage et vient le moment de présenter nos projets professionnels. Nous étions deux filles et un garçon, même âge, même projet, même classe, même contexte. J'ai fait l'effort de porter un tailleur noir et des chaussures de ville qui me défoncent les pieds, parce que mes parents m'ont fait la morale sur le respect à montrer sur un lieu de travail et, apparemment, ce respect passe par le fait de se faire des ampoules aux pieds. Bref. Au moment de présenter nos projets, j'explique dans tous les sens pourquoi je veux m'engager pour défendre les femmes, genre discours vibrant, Rosa Parks, Adèle Haenel aux Césars, viens, on se lève on se casse, les femmes du monde opprimées auront une avocate, et je ferai tout pour les aider en maîtrisant les concepts de droit pour mettre fin à l'impunité ! Réaction de la recruteuse : « Hmm-hmm, d'accord. » L'autre stagiaire, un garçon (on va l'appeler SG pour Stagiaire Garçon), est venu habillé d'une veste de son père et en baskets. SG explique qu'il veut faire du droit pour être avocat des droits des femmes – juste ça, en six mots, pas plus. À la fin de sa phrase sujet-verbe-complément, la dame du stage écarquille les yeux : « Mais attends, SG, c'est magni-fi-que ! Bravo ! » Elle l'applaudit des cils et porte la main sur son sternum comme si son bébé prononçait ses premiers mots. Excusez-moi, est-ce qu'elle a mal entendu mon projet ? Je veux dire, il a le même, en moins bien expliqué, sans aucun effort ni de syntaxe ni oratoire, et c'est lui qui récolte les applaudissements ? La dame du stage murmure, émue, que c'est tellement rare les garçons qui s'engagent « pour la cause ». Bordel, moi je SUIS la cause ! Je pose plein de questions, on répond vaguement, je prends tout en notes. Lui pose UNE question et on lui dit : « Tu as un grand avenir ! » On est où, là ?

Les réseaux sociaux me rendent dingue ! Le moindre influenceur qui poste un contenu énonçant une évidence comme « Je respecte ma copine » est encensé par les comptes féminins qui le noient sous les cœurs et les « J'aime ». On saura toujours expliquer à une fille en quoi elle n'est pas une assez bonne féministe, mais on se contentera toujours d'une déclaration de principe de la part d'un garçon. L'autre jour, je me suis rendue à une conférence sur l'empowerment des femmes. Un homme était là, il a pris la parole dans le public pour expliquer que, à son sens, l'égalité allait de soi et qu'il fallait écouter les femmes. Prendre la parole dans une assemblée féminine, et donc bouffer du temps de parole aux femmes, n'a pas eu l'air de le perturber outre mesure. Mais bref. Il a longuement expliqué qu'il faisait les courses et la vaisselle chez lui et qu'il « aidait » sa femme. Oui, qu'il l'« aidait », comme s'il était aide-ménagère. Vous n'y croirez pas, mais les femmes présentes dans l'assistance l'ont applaudi à la fin de sa prise de parole !

C'est toujours comme ça. En fait, c'est la double peine du féminisme : si tu es une fille féministe, tu es jugée et stigmatisée comme la relou, l'hystérique, la dingue, celle qui ne lâche rien, etc. Si tu es un garçon féministe, *oh boy!*, tu es un demi-dieu. Non seulement tu ne frappes pas les femmes (et on te décernerait presque l'ordre national du Mérite), mais en plus tu te déclares féministe, c'est-à-dire pour l'égalité ? Bravo, Stagiaire Garçon, d'avoir énoncé une évidence, et avec toi, toute cette cohorte d'hommes admirables.

La guerre des passions

Les hommes ne se contentent pas de râler quand vous avez accès à une serviette hygiénique gratuite, de vous pousser à vous entretuer entre nanas pour savoir qui attirera leur attention, ou de juger votre physique. Non. La validation masculine décide aussi des loisirs que vous avez le droit, ou pas le droit, de pratiquer. Ainsi cet animateur de radio que je qualifierai de *random* qui a déclaré au sujet de la chanteuse Hoshi qu'elle n'était « pas assez sexy » pour avoir un poster à son effigie et vendre des places de concert. En ajoutant qu'à son époque les chanteuses étaient canon et, en substance, « bandeuses d'hommes ». Mais, garçon, devons-nous te rappeler que le rôle des femmes musiciennes n'est pas d'être ton support de masturbation ?

Derrière cet exemple flagrant et injuste, passons en revue les loisirs des filles qui souffrent systématiquement d'un double standard, tout loisir dit « féminin » étant dénigré. Aimer aller chez le coiffeur, se faire des manucures, se maquiller, aimer la mode ? C'est futile et méprisable. Réparer des moteurs, bricoler, aimer les voitures, pratiquer la boxe ? C'est formidable, formateur, courageux.

Le sport est considéré comme un secteur masculin par essence, parce que la force physique, dans les imaginaires, est l'un des attributs de la virilité. Pour avoir ne serait-ce que le droit de s'y intéresser, les filles doivent faire leurs preuves et se faire valider par d'autres supporters qui, souvent, s'y connaissent moins bien. C'est particulièrement vrai dans les sports considérés comme typiquement « masculins », comme le basket, le hand, et surtout le foot. Un type qui dit : « Je suis un supporteur du PSG » n'a pas plus d'efforts à fournir pour être intronisé supporteur du PSG. Il s'est qualifié lui-même, on le croit. D'ailleurs, pourquoi ne le croirait-on pas ? Une petite phrase lui suffit pour rejoindre la mifa. En revanche, que se passe-t-il si une fille du même âge et avec le même niveau d'expérience se revendique fan de foot ? Pire, si elle ose dire : « Je suis une supportrice du PSG » ? Elle doit aussitôt passer un examen digne d'un oral de grande école pour démontrer qu'elle est véritablement fan de foot. Des hommes décideront s'ils la valident ou non et s'ils mettent un tampon « admise » sur sa passion. « Ah ouais ? Fan du PSG ? Vas-y, il gagne combien Mbappé ? Depuis quand Zlatan est parti ? C'est quoi le classement pour le championnat ? » À quelle heure un mec qui s'est intronisé supporteur a-t-il eu droit à un *Questions pour un champion* spécial foot, lui ?

Une fille fan de foot est souvent traitée de footix, par exemple. Évidemment, ce n'est pas méchant. Ça n'est pas insultant non plus. Mais « footix », chez nous, ça veut dire supporteur en carton, mascotte, qui n'y connaît rien, même si elle se trouve être bien plus calée que ses camarades. Donc une fille fan de foot traitée de footix (= fausse fan de foot) devra prouver qu'elle s'y connaît bien davantage que n'importe quel garçon.

En fait, derrière ce petit surnom prétendument mignon, il y a là toute une idéologie. Ce que ça signifie vraiment, c'est que certains, parmi les hommes, se considèrent comme propriétaires à la naissance d'un espace donné, et qu'ils n'entendent en aucun cas l'ouvrir à la mixité. C'est l'histoire d'une petite sœur qui, quand elle était à l'école, a demandé un ballon de foot et à laquelle on a refusé catégoriquement ce ballon de foot. L'espace est déjà pris « par les garçons », lui a-t-on répondu. Ah OK, il faut avoir une bite pour pouvoir donner des coups dans un ballon, pardon, je n'avais pas eu le mémo, je ne savais pas qu'on jouait au foot avec sa bite, moi, je pensais qu'on y jouait avec ses pieds !

Peut-on être femme et *ultra* ? Être passionné semble en effet relever d'un privilège masculin tant il semble difficile, pour une femme, de ne pas être considérée comme une groupie dans la minute où elle fait part de ses passions les plus profondes. Hystériques, immatures, superficielles, les fans de Harry Styles semblent par exemple faire l'objet d'un consensus : leur engouement est irraisonné. Elles hurlent en concert et occupent l'espace sonore sans s'excuser. Il y a un vrai mépris pour la figure de la groupie. Ces filles sont simplement en proie à des fantasmes de leur âge, disent les détracteurs (vous l'entendez, ce petit ton condescendant doublé de paternalisme ?). Quand leurs camarades du même âge alignent les posters de foot et ne ratent jamais un match de leur équipe favorite, tout le monde s'accordera sur le bien-fondé de leur implication, et sur le fait qu'il est ô combien nécessaire, pour un garçon, de pratiquer un sport… En gros, les filles ne peuvent pas avoir de passions trop féminines, ni trop masculines, ni neutres – bref, rien ?

Mais il y a autre chose qui m'agace au plus haut point : les passions qui doivent être validées pour éviter de nous rendre trop « repoussantes » aux yeux des hommes. Si on vous fait chier parce que vous aimez le foot, au fond, parfois, c'est une manière de se faire valider in fine (on reparlera un peu plus tard des *pick-me*). Mais ce qui est véritablement odieux aux yeux de certains garçons, ce sont toutes les passions qui ne leur permettent pas de vous sexualiser : en clair, si vous êtes une fille et que vous pratiquez le rugby comme demie de mêlée, que vous adorez apprendre à conduire des camions ou des tracteurs, ou que votre kiff à vous, ce sont les combats de sumo, vous sortez du champ de validation des connards.

Étiqueter des passions comme « trop masculines », ou « repoussantes » pour les femmes n'a aucun sens. Sont concernés ici tous les sports et toutes les activités qui ne permettent pas de nous sexualiser car nous ne correspondons plus à ce que la société attend de nous lorsque nous les pratiquons : le rugby, le bodybuilding, etc. En gros, si vous pratiquez un sport qui vous permet de répondre aux standards de beauté habituels, ça va ; mais si vous affirmez ostensiblement que vous vous en foutez, alors là, ça n'ira plus ! Une joueuse de tennis sexy, OK. Une femme qui fait du rugby à quinze, pas OK. Non seulement, il n'est pas admis de marcher sur les plates-bandes des garçons, mais il est encore moins admis de « se prendre pour » un garçon.

Pour le connard moyen, la fille est un concept fragile qui fait des trucs mignons. Si vous commencez à manger du pâté la bouche ouverte et à pratiquer un sport parce que vous l'aimez et non parce que ça va l'exciter, vous montrez que vous vous moquez totalement du regard des autres et que l'utilisation que vous faites de votre temps libre n'est pas destinée à exciter le premier gars venu. C'est une démonstration d'autonomie et d'émancipation. Ça revient à dire : ton regard, je m'en contrefous. Et ça ne lui plaît pas. Alors il préfère vous invalider et vous écarter du champ des baisables.

Pourquoi ? me demandez-vous. Non pas parce que le rugby le dégoûte – lui-même a le droit d'en faire. Mais parce que si vous n'attendez pas sa validation et que vous menez votre vie en toute autonomie, comment fera-t-il pour vous contrôler ?

Le connard n'aime pas sa meuf, ou le temps passé avec elle. Non, le connard aime les services qu'elle lui procure gratuitement ; d'abord, du sexe, plus tard, son ménage, son coaching professionnel et le soin apporté à ses enfants pendant qu'il est occupé, lui, à faire autre chose de sa vie. En fait, les hommes se remettent assez vite en couple après un divorce pour une raison simple : chez un mec hétéro, il n'y a rien de plus interchangeable que sa femme ! Greta Gerwig le montre très bien dans le film *Barbie* : les hommes ont envie d'une femme auprès de laquelle ils peuvent démontrer leur supériorité. Elle doit les admirer et les écouter jouer de la guitare ou les regarder faire du sport comme une cheerleader. C'est ça qu'ils appellent « être amoureux » : aimer qu'on les regarde, aimer qu'on les aime.

Allons plus loin : si certaines passions vous invalident direct, d'autres vous décrédibilisent. Si le connard a un poster de rugby chez lui, c'est juste un fan de sport, c'est normal qu'il collectionne posters et ballons ou maillots dédicacés. Si le connard possède la totalité de la discographie de tel artiste même ringard comme M. Pokora, c'est son goût musical. En revanche, si une fille fan de Harry Styles ou de n'importe quel autre artiste possède elle aussi des posters et des photos, très rapidement, elle sera traitée de folle et de fan hystérique. On lui dira qu'elle est amoureuse de Harry, alors que personne ne songerait à dire à notre connard qu'il se touche sur M. Pokora. Arrêtez de valider nos passions.

Au cœur de l'arène politique et du monde du travail

En politique, pour gravir les échelons, les femmes doivent avoir un mentor ou un sponsor. Être nommées, adoubées ou choisies par des hommes, lesquels détiennent encore le pouvoir réel : celui de choisir les personnes qui vont réussir. Tous les partis politiques de France sans exception étaient jusqu'à peu dirigés par des hommes : 100 % ! En marche !, devenu aujourd'hui Renaissance, par Gabriel Attal, Agir par Franck Riester, EELV par Yannick Jadot, le RN par Jordan Bardella, LFI par Jean-Luc Mélenchon, le PC par Fabien Roussel, Horizons par Édouard Philippe, le PS par Olivier Faure… Et même quand les noms changent, c'est pour que rien ne change : un Stéphane remplace un Stanislas, un Manuel remplace un Jean-Luc, etc., etc. On a beau compter deux Marine, une chez les Écologistes et une au RN, les directions restent ultra masculines. Pour être investie ou nommée, une politique même aguerrie doit donc être cooptée par un homme, tandis qu'un jeune politique sera plus libre de carrière. Les femmes de caractère sont écartées, moquées ou insultées : pensons ici aux déconvenues de Ségolène Royal, aux critiques incessantes à l'encontre de Sandrine Rousseau, ou encore de la robe à fleurs de Cécile Duflot moquée, huée et sifflée dans l'hémicycle ! Le problème n'est pas qu'on les critique. Le problème est que les critiques ne portent que sur des éléments qu'on ne critiquerait absolument jamais chez un homme politique. En quoi critiquer les cheveux de Marlène Schiappa, l'absence de sourire d'Élisabeth Borne, le poids de Raquel Garrido, les dents de Sarah Knafo fait avancer le débat public ? En rien ! Pourtant, à chacune de leurs apparitions publiques répondent des milliers de tweets abordant ces aspects physiques, et jamais le fond des enjeux défendus par l'une ou par l'autre.

La politique n'est pas séparée du reste du monde social, ce qui s'applique dans la société vaut aussi pour la scène politique. Si une femme politique est trop jolie, elle n'a pas sa place là, pire encore si elle est jeune. Quand une femme n'est pas désirable selon leurs critères, on considère qu'elle ne sera pas assez jolie pour prendre la parole, et donc n'assumera pas convenablement son rôle de distraction, voire décoratif, dans la sphère publique.

Un jour, j'emprunte le *JDD* de ma mère et je regarde la liste des responsables politiques qui interviennent dans les différents débats de la semaine. On est sur un « All Men Panel » ! On retrouve du Clément, du Jordan, du Fabien, du Bruno à toutes les sauces, mais pas une seule femme au programme ! Mais pourquoi ? Qui a décidé que les femmes, en 2025, n'avaient à ce point rien à dire sur l'actualité politique pour que ce ne soit même pas la peine de faire semblant de leur donner la parole dans les médias ou de les inviter dans les émissions de télévision ? Gabriel, Jordan, Gérald, Clément, Fabien et Bruno vont donner leur avis sur tout parce qu'ils sont le masculin neutre, ils sont l'universel, ils sont fondés à avoir un avis sur tout et tout le monde, femmes et hommes, et bien sûr ton croptop, ton voile, tes idées et ton cul. Quand il y a une femme, elle forme un duo avec un homme (un Gérard offert pour une Yaël achetée ?). Et je ne parle même pas d'Emmanuel qui s'estime fondé à donner des ordres aux utérus des femmes, ces « cocottes », tout en défendant Gérard Depardieu !

Moi, en revanche, si j'allais dans une émission de télé donner mon avis sur la prostate et la vasectomie, sur l'engagement des pères dans leurs familles et sur la forme de barbe en pointe qu'on ne veut plus voir chez les plus de 50 ans, je me ferais immédiatement descendre sur les réseaux sociaux, voire peut-être dans la vraie vie. Regardez à quel point la première nana venue qui émet une opinion alors qu'elle est experte du sujet se fait blacklister. Chaque fois que ce genre de situations déséquilibrées se présente, demandez-vous à qui profite l'audience, à qui profite cette position, et ainsi de suite. Le pouvoir cherchera par tous les moyens à se reproduire.

En entreprise, ce n'est pas beaucoup mieux. Regardez : les financeurs des start-up sont des hommes. D'après l'étude 2023 SISTA, moins de 30 % seulement des financements des *business angels* – ces investisseurs qui permettent de développer les starts-up – s'adressent aux entreprises portées par des femmes, contre 70 % par des hommes. Les membres du jury des concours et les financeurs étant dans leur immense majorité des hommes, cela signifie que toute femme portant un projet doit impérativement être validée par l'un de ces hommes. À aucun moment une startupeuse n'est jugée par une de ses paires : son projet, même destiné aux femmes, doit passer l'épreuve du barrage des hommes, ou bien arriver avec un gros capital.

Enfin, gare aux femmes *bossy* ! Celles qui parlent haut et fort et mènent leur monde d'une main de maîtresse. On les moque pour leur ambition, souhaitant les diminuer en les qualifiant de « presque » patronnes, mais sans le réel pouvoir de coercition. Le fait est qu'elles sont non seulement stigmatisées, mais trop peu nombreuses. Dans les grandes entreprises du CAC 40, voyez-vous beaucoup de femmes aux commandes ? En septembre 2022, seuls 25,5 % des membres des comités de direction des entreprises du CAC 40 étaient des femmes[1].

---

1. Source : Observatoire des multinationales, « Le véritable bilan annuel 2022 : À la tête du CAC 40, un peu plus de place pour les femmes, mais à la marge » (multinationales.org).

Un progrès, certes, mais qui reste bien lent et bien timide. Et pourtant, une loi oblige à la parité dans les conseils d'administration. Et à la tête des syndicats de salariés ? On y retrouve un moustachu, un jeune idéaliste ou encore un mec grognon, mais aucune syndicaliste ! Si bien que l'ensemble de la société, du monde de la télévision à celui des grands congrès internationaux, des instances de direction aux syndicats, pullule d'hommes qui donnent leur avis sur nous, nos projets, nos idées, ont le pouvoir de nous donner la parole ou de la reprendre, de nous financer ou de nous annuler. C'est aussi cela, la validation masculine.

4

Culture pour toutes !

Annulez les princesses Disney !

Le principe de base d'un scénario Disney est fondé sur la validation masculine. S'il vous plaît, ne venez pas me parler d'amour ni même de « coup de foudre » quand la plupart des princes ne portent même pas de noms dans les premiers Disney, et qu'ils sont assez interchangeables dans les plus récents. Le prince de Cendrillon, comment s'appelle-t-il ? Le prince de la Belle au bois dormant ? Tous, sans exception, se nomment le « Prince Charmant » ! Jusqu'à Aladdin en 1993, aucun n'a de nom précis, sauf la Bête qui s'appelle donc… « La Bête ». Derrière ces princes, l'enjeu n'est pas de représenter une relation naissante, mais bien de produire des personnages féminins en attente d'un sauveur. D'ailleurs, la sortie d'*Aladdin* dans les années 1990 coïncide avec une petite amélioration dans les valeurs transmises par le studio d'animation américain. Jasmine, Pocahontas ou Mulan s'émancipent ensuite elles aussi par leur courage et ont un tempérament impétueux qui sauve un peu le reste des productions. Aujourd'hui, après Raiponce dans les années 2010 ou Rebelle, on pourrait penser qu'on a tourné la page des visions vieillottes des femmes… Dans les faits, c'est moins simple.

D'une part, *Cendrillon*, *La Belle au bois dormant* ou *Blanche-Neige* sont encore massivement regardées par les petites filles d'aujourd'hui. Cendrillon a fait l'objet de mille et une adaptations, elle lave le sol et Blanche-Neige, elle, fait le ménage chez des nains. On retrouve ici l'image de la femme gardienne du foyer. Quant à Aurore, plongée dans son sommeil, elle est complètement passive et sa vie est orchestrée par des tiers. Puis un rapide coup d'œil permet au prince de tomber amoureux sans même avoir eu l'occasion de faire connaissance au préalable. Leur amour ne repose que sur une prétendue attirance physique évidente et sur la chimère d'un sentiment indéchiffrable qui échappe aux lois de la nature.

Ensuite, après avoir été choisies par un homme jeune, beau, fort et riche, et avoir été sorties de la misère, Cendrillon, Blanche-Neige et Aurore décrochent le Graal : le mariage. Elles deviennent donc des princesses™ officielles ! Ça pose question. Sans même parler de l'agression sexuelle à l'origine du romantisme de *La Belle au bois dormant*. Comme son nom l'indique, celle-ci a reçu une malédiction et dort d'un profond sommeil. En d'autres termes, on lui dit « Sois belle et tais-toi ». Par la suite, sans égard pour la notion de consentement, le prince l'embrasse. Même la chanteuse Angèle dans « Balance ton Quoi » fait répéter à Pierre Niney : « Si elle dort, tu la laisses dormir » ! D'ailleurs, dans l'une des premières versions, le soi-disant Prince Charmant l'embrasse alors qu'elle a une intoxication alimentaire et se trouve fragilisée. Qu'y a-t-il derrière ce conte ? Rien de moins que la glorification de l'image de l'adulte qui abuse d'une mineure vulnérable et sans défense ! Et c'est tout simplement une situation illégale. Alors, oui, certains nous diront que c'est anachronique, mais ces dessins animés posent un contexte et ont forgé des générations d'imaginaire collectif !

Il serait cependant injuste de ne pas inclure les nouvelles générations de Disney dans la balance. Avec *Aladdin* déjà, Jasmine est une princesse affirmée qui lutte contre le mariage qu'on veut lui imposer, avant d'imposer elle-même à son entourage un homme pauvre. Ces héroïnes « choisissent » plutôt qu'elles « se font choisir ». Quant à Mulan ou à Pocahontas, une bonne partie du film ne porte pas strictement sur la recherche d'un prétendant. C'est mieux, mais la rencontre amoureuse est toujours inéluctable.

Sur le papier, les histoires des productions Disney s'inversent petit à petit. On aime beaucoup les nouvelles Raiponce et Vaiana, qui partent découvrir le monde. En revanche, dans *La Princesse et la Grenouille*, Tiana caresse un rêve professionnel, à savoir monter son propre restaurant. Passons sur le fait que Tiana a de sérieux *daddy issues* puisqu'elle court après le mythe de son père restaurateur, lequel construit toute sa quête, et insistons sur un autre point : la princesse ne peut réaliser son rêve qu'après s'être mariée. Comme si, une fois encore, c'était seulement une fois validée par un type (fût-il transformé en grenouille) que ta vie pouvait commencer.

Laissez Bébé dans son coin

Les deux tiers des prétendues comédies « romantiques » de nos daronnes sont fondées sur le même modèle : de la validation masculine à tous les étages. Patrick Swayze, sex-symbol et bad boy qui séduit la timide Frédérique par une réplique restée culte : « On ne laisse pas Bébé dans un coin. » Dans *Pretty Woman*, c'est la prostitution qui est romantisée et Vivian, la protagoniste, sort de sa situation grâce à un homme (riche).

Quant à notre génération, entre *Gossip Girl*, *365 jours*, *50 Shades of Grey* ou encore *La chronique des Bridgerton*, il faut reconnaître que la fin des stéréotypes de genre n'est pas pour tout de suite… Dans *365 jours*, Laura, l'actrice principale, part en vacances avec son petit ami en Sicile où un gros mafieux très musclé et supposément sexy, Massimo, la kidnappe dans le but de la contraindre à l'aimer. Ça durera une année entière. Dans l'intervalle, il lui fait pratiquer des activités sadomasochistes plus ou moins contre son gré. Entre Aurore et Laura, un même modèle est reproduit, celui d'une violence sexuelle banalisée : l'archétype des femmes ravies d'être victimes de violences, et de l'agresseur qui épouse pour laver le viol. C'est une représentation hyper problématique et qui agit sur l'imaginaire des jeunes filles (la cible de *365*) en leur faisant croire que ce type de relations serait normal et sain.

Annulez *365 jours* et les princesses Disney !

La *dark romance* : quand la passion devient validation masculine

Penchons-nous un peu sur l'univers de la *dark romance*, loin d'être anodin lui aussi. Dans la *dark romance*, tout est intense, tout est extrême. Ce sous-genre de la *romance*, qui suscite un engouement phénoménal depuis quelques années, donne lieu à des récits souvent « sulfureux », dirons-nous : on y explore des relations amoureuses où danger et passion ne font qu'un, où l'homme est souvent puissant, torturé, dominateur… Et où la femme, bien que forte en apparence, finit par chercher sa validation et sa valeur à travers le regard de cet homme complexe et difficile. Sauf que sous ses airs de rébellion contre les codes des romances plus classiques, la *dark romance* finit bien souvent par reproduire les mêmes schémas : elle place encore une fois l'homme au centre de la construction de l'estime de soi des héroïnes.

Prenons l'exemple du roman *Beautiful Disaster* de Jamie McGuire[1]. Dans cette histoire, Abby, une jeune femme apparemment indépendante, tombe amoureuse de Travis, un jeune homme impulsif, colérique, avec des tendances violentes. Leur relation devient vite une véritable obsession, où chaque geste de Travis – qu'il soit possessif, jaloux ou même agressif – est perçu par Abby comme une preuve d'amour intense. Oui, c'est bien ça : l'amour devient une lutte, une épreuve, c'est un espace où la femme doit constamment prouver qu'elle est *suffisante* pour apaiser ou sauver un homme brisé. Et ce besoin de validation devient le moteur de la relation : le personnage féminin se mesure à la force de son partenaire, et sa réussite comme son identité finissent par dépendre du fait d'être enfin « acceptée » par lui et mériter son amour.

1. Jamie McGuire, *Beautiful Disaster*, traduit de l'anglais par Agnès Girard (J'ai lu, 2024).

Autre exemple frappant : la série *After* d'Anna Todd, où Tessa, une jeune étudiante sérieuse et timide, rencontre Hardin, un jeune homme comme par hasard mystérieux et torturé. Leur relation est marquée par des hauts et des bas intenses, des disputes violentes et des réconciliations passionnées. Ici encore, la dynamique de pouvoir est déséquilibrée : Hardin est insaisissable, imprévisible, et c'est cette imprévisibilité qui pousse Tessa à constamment remettre en question sa propre valeur. Elle essaie de le « changer », de gagner son amour, de lui montrer qu'elle est celle dont il a besoin pour se stabiliser. Mais derrière ce désir de transformation il y a évidemment un besoin de validation : Tessa est prête à tout pour obtenir l'approbation de Hardin, et ce besoin finit par effacer, au fil des pages, ses propres désirs.

Bref, on veut susciter des émotions fortes et intenses en glorifiant la puissance masculine et la vulnérabilité féminine… Mais en filigrane, ça ne fait que renforcer l'idée que la féminité s'accomplit dans la validation masculine. On peut avoir des héroïnes fortes, belles, déterminées, en fin de compte, elles restent surtout définies par leur capacité à mériter l'amour d'un homme complexe. Et l'aboutissement de l'héroïne, c'est la quête amoureuse : elle ne se connaît réellement qu'à travers le regard de cet homme, ne se sent complète que lorsqu'elle est *validée* par lui.

Si on lit la *dark romance* d'un point de vue féministe, on voit bien que ces récits contribuent à perpétuer des normes archaïques de validation masculine. Le danger, la souffrance, les disputes violentes ? Des signes d'amour profond. Les personnages féminins sont enfermés dans un cycle de dépendance émotionnelle, leur valeur dépend toujours du désir de l'homme pour elles… Même lorsque l'héroïne semble indépendante, en fait, elle est constamment ramenée à son partenaire. Son développement personnel n'existe plus du tout, si ce n'est dans l'objectif de plaire, de comprendre, de transformer cet homme.

C'est important de questionner ce que la popularité de la *dark romance* dit de notre société. C'est comme si le désir d'être « aimée malgré tout » restait un message dominant. Et que la valeur d'une femme se mesurait toujours au regard et à l'amour d'un homme, même ou surtout lorsqu'il est sombre, dangereux, et difficile à atteindre. On a reproché à l'autrice de *new romance* Colleen Hoover d'être allée jusqu'à romanticiser les violences conjugales dans son best-seller *It Ends With Us*[1].

Pas beaucoup de transgression dans le genre de la *romance*, en somme. En surface, on nous présente des personnages féminins indépendants, mais en fin de compte, les stéréotypes genrés y sont légion. Next!

« J'ai rendu cette pute célèbre » : pourquoi Kanye West est un problème ?

Kanye West est un problème. Il a fallu attendre 2022 pour qu'il perde ses contrats

1. Colleen Hoover, *Jamais plus. Ceux que nous aimons sont parfois ceux qui nous font le plus mal*, traduit de l'anglais par Pauline Vidal (Hugo Publishing, 2017).

et une partie de sa fortune. Dans un monde véritablement féministe, jamais ce chanteur ne vendrait des millions d'albums, son compte Instagram serait supprimé et lui-même serait *canceled*. Ne venez pas nous parler de *cancel culture* tant que la chanson « Good Morning » sera systématiquement proposée par l'algorithme des stories Insta.

Certes, il est difficile de distinguer ce qui tient d'une mise en scène médiatique et ce qui relève de la réalité des faits. En revanche, on retiendra des stars de la pop culture les représentations qu'elles véhiculent. Ainsi, les raisons du divorce entre Kim et Kanye et les nombreuses rumeurs à ce propos sont moins importantes que l'image qu'ils représentent dans le monde. Mais au-delà de Kim Kardashian, Kanye a essayé d'invalider une autre femme encore : Taylor Swift.

Nous sommes en 2009, lors de la cérémonie des MTV Awards, aux États-Unis. Taylor Swift sort son album et le clip de sa chanson « You belong with me » cumule le milliard de vues. À 19 ans, elle devient l'une des plus jeunes artistes à rencontrer un tel succès. Dans la catégorie « Meilleur clip de l'année par une artiste féminine » (au passage, on peut se demander : à quand des catégories non genrées ?), elle est en compétition avec Beyoncé qui vient de sortir « Single Ladies ». Kanye West est chargé de remettre la récompense et, au lieu de la lui donner simplement, il commente : « Je suis super content pour toi, mais Beyoncé méritait vraiment ce prix. C'est elle la meilleure chanson de l'année[1]. » Le public commence à huer Kanye, huées que Taylor Swift prend malheureusement pour elle… Après cet épisode, on accuse Taylor de créer des conflits, alors qu'elle n'a strictement rien fait ! Elle entre dans une période mélancolique de remise en question, amenée par cette invalidation à se sentir illégitime. Une fois encore, on blâme les femmes de « faire des histoires ». Certains délégitiment son prix parce que Kanye West a refusé de le lui valider – contre l'avis d'un jury ! – et de grands noms, issus du milieu tant politique que

1. C'est moi qui traduis.

culturel, de Madonna à Eminem en passant par Barak Obama, et bien sûr Beyoncé, n'ont pas manqué de prendre la défense de la chanteuse avant que Kanye finisse par s'excuser.

Le problème, c'est que nombre de jeunes téléspectateurs de cette cérémonie se sont identifiés à Kanye et non à Taylor, et ils ont du coup imité Mister West dans son attitude. « Sympa, Kelly, ton prix de théâtre, mais Chloé le méritait beaucoup plus. » Au nom de quoi ? On ne sait pas. Peut-être au nom du fait qu'il a une paire de couilles et donc un avis qu'il est urgent de partager avec le monde entier ?

En 2016, Kanye West devrait encore être en train de se cacher de honte, mais il sort un nouvel album, *The Life of Pablo*, et l'un des titres attire l'attention du public. Dans la chanson « Famous », il écrit : "*I made that bitch famous*", se vantant d'avoir rendu Taylor Swift célèbre, alors qu'elle était littéralement déjà en train de remporter des prix. Face à cela, que fait Kim Kardashian ? Elle poste un extrait de Taylor Swift sur Twitter dans lequel elle affirme être d'accord avec ces paroles. Kim préfère donc défendre son mec plutôt qu'une autre femme qu'il harcèle. Les sœurs Kardashian commencent à associer Taylor à un serpent, et ne cessent de poster des emojis serpent à son effigie, tant et si bien qu'elle finit par être surnommée *the snake*. Taylor se fait alors discrète pendant un an, puis sort *Reputation*, un album avec des clins d'œil autour de serpents et du karma. Des excuses des sœurs Kardashian clôturent l'affaire.

Que conclure de toutes ces polémiques ? Si, musicalement, on peut apprécier les chansons de Kanye West, son comportement à l'égard de Taylor Swift est honteux. Et on ne sépare pas l'artiste de son art. Alors que la lauréate des MTV Awards était d'ores et déjà actée, l'audace masculine d'y trouver à redire était bel et bien consternante. La déclaration de Kanye West n'aura jamais remis le prix en question, mais la polémique et la culture du bad buzz en auront bien profité. Quant aux femmes, on leur montre que, même arrivées au sommet, leur légitimité n'est jamais acquise. Le harcèlement du trio féminin LEJ par la presse française, les injures contre Louane quand elle a pris du poids ou les moqueries à l'endroit de Zaho de Sagazan sur les réseaux sociaux le soir de sa récompense aux Victoires de la musique en sont des preuves permanentes.

Lena, Manon, ou la validation permanente d'Internet

Leave Lena Situations alone

En France, une fille a fini par incarner malgré elle le principe de validation masculine, et même de validation sociale : Lena Mahfouf, alias Lena Situations. Brocardée pour ses cheveux, ses livres, ses chaussures, sa coiffure, ses financeurs, ses posts… C'est bien simple : absolument tout le monde a un avis sur Lena Situations. Le summum a été atteint lors de son invitation, en 2022, sur le plateau du journal télévisé du 20 heures de France 2 présenté par Laurent Delahousse.

À ce moment-là, son livre cartonne en numéro un des ventes[1], des millions de personnes écoutent *Canapé Six places*, son podcast, les marques se l'arrachent, elle est la première Française jamais invitée au gala du MET à New York, prestigieux événement de mode américain… Et pourtant, pour certains, ça ne suffit pas à justifier une invitation. Car Lena n'a pas été « validée ». Alors, certes, d'aucuns considèrent qu'elle a été validée au sens où elle a acquis une notoriété incroyable et est ultra sollicitée dans son milieu professionnel. Et c'est juste ! Elle l'est. Mais le moindre de ses faits et gestes donne lieu à un déferlement de haine sur les réseaux, à tel point qu'elle en a pleuré à de nombreuses reprises et a même raconté sur son compte Instagram avoir fait un burn-out l'an dernier.

Dans un épisode de son podcast, Lena explique ceci : « J'avais pris du poids et tout Internet avait son mot à dire. » Elle raconte à quel point les *haters* du net se sont déchaînés contre elle lorsqu'elle a pris cinq kilos. Les mêmes qui

1. Lena Situations, *Toujours +* (Robert Laffont, 2018).

dénonçaient le fait qu'elle soit trop glamour se sont mis à l'insulter et à la menacer. « Pensez que mon papa regarde vos commentaires. Vous faites de la peine à un vieux monsieur quand vous m'injuriez. Pensez-y », écrit-elle en story de son compte Instagram en février 2024.

Peu avant cette prise de parole émue, Lena réalisait une interview de Matt Pokora. Dans la bande-annonce, elle twerke brièvement en présence d'une amie sur son canapé. Ces quelques secondes lui valent une nouvelle invalidation, pour autre chose cette fois : Lena est en couple. Et, manifestement, cela lui interdit de danser en présence d'un autre homme, fût-ce pour l'interviewer. Même la très sérieuse radio France Inter se fend d'une chronique intitulée « Twerker, c'est tromper ? » pour interroger le droit de Lena à danser avec Matt alors qu'elle est en couple avec Seb[1]. Ce parti pris visant

1. « Twerker, c'est tromper ? Lena Situations à nouveau la cible de la misogynie en ligne », « Un monde nouveau », France Inter, mardi 23 janvier 2024, présentée par Mathilde Serrell.

à dire qu'une femme ne peut pas danser avec un homme si elle est en couple, la chanteuse Alicia Keys en a fait les frais aussi. Alors qu'elle réalisait une prestation avec Usher sur scène, les internautes américains se sont déchaînés en la traitant de pute parce qu'elle dansait avec un homme alors qu'elle est mariée. Ils se sont unis pour adresser « force » et « soutien » à son mari. Qui, lui, a répondu par un tweet en saluant la performance de l'artiste !

De sa coiffure à son poids en passant par ses danses et son compte en banque, Lena incarne la jeune femme libre et brillante qui réussit. Et c'est surtout cela qui dérange la foule anonyme et misogyne d'Internet.

Manon Lanza et le cyberharcèlement

Dans un même ordre d'idée, un épisode m'a particulièrement marquée. Je suis allée au GP Explorer de 2023, au circuit des Vingt-Quatre Heures du Mans. Si vous vivez dans une cave ou que vous êtes dans une famille amish qui n'a pas de WiFi, sachez que le GP

Explorer est une initiative dingue, inventée par Squeezie, le Youtubeur. Je précise sa fonction, toujours pour ceux qui vivent dans une cave amish sans WiFi, mais aussi pour ma mère qui a passé le GP Explorer à me demander : « Et lui, il fait quoi, dans la vie ? » à chaque concurrent. Alors, maman, on va être rapides, ils sont tous influenceurs, ou youtubeurs, ou créateurs de contenus, et, bref : ils n'ont pas un « vrai métier dans la vie », c'est ça, leur vrai métier. Avançons ! Donc Squeezie a lancé cette initiative qui vise à faire faire une vraie course automobile sur un vrai circuit à des créateurs de contenus. Le public est survolté et la course est rediffusée en ligne. C'est un énorme phénomène qui bat des records : chaque fois, ce sont des millions de personnes qui se connectent en même temps. L'ambiance est bonne et solidaire. Ceux qui organisent la course aiment bien former des équipes où les créateurs de contenus se rencontrent, et ce n'est pas du tout un état d'esprit filles d'un côté et garçons de l'autre.

Parmi les concurrentes, il y avait Manon, plus connue sous le pseudo de « Allons Rider ».

C'est une créatrice de contenus qui fait de la glisse et des sports à sensation. Lors du GP Explorer, elle a été impliquée dans un accident avec un autre concurrent, Maxime. J'étais là et je l'ai vue se faire évacuer en urgence vers l'hôpital. Pas marrant. Dans le sport automobile, quand un coureur est évacué vers l'hôpital en urgence, on prend et on donne de ses nouvelles, on est en empathie. Mais là, pas du tout. Subitement, juste après cet accident, et alors qu'on ne savait pas encore si elle était dans le coma, si c'était grave ou non, comme par un réflexe automatique, une vague de cyberharcèlement sexiste a déferlé.

On a dénombré 65 000 messages de haine contre Manon en une seule journée. La teneur de ces messages ? On lui souhaitait d'avoir quelque chose de grave, et tout tournait autour de son genre. « Femme au volant, mort au tournant » ou « Retourne dans ta cuisine », ou encore « T'es bien une nana ». Maxime, qui a été aussi impliqué dans cet accident, n'a, lui, reçu aucun message de haine. Uniquement de l'empathie et des mots de soutien.

Avec cette action de cyberharcèlement coordonnée et sexiste, des dizaines de milliers de connards ont démontré qu'en tant que femme tu as besoin en permanence que ta présence soit validée. On ne te pardonnera ni erreur ni sortie de piste. Si tu sors de la route, si tu merdes, si tu as un accident, ce sera ta faute et tu ne recevras aucun soutien. Déjà tu étais là, c'était bien. Alors de quoi tu te plains ? Manon a dit qu'elle ne prenait pas pour elle ces messages haineux mais qu'elle sentait bien que, à travers elle, c'était toute la gent féminine qui était insultée. Et elle a bien raison.

Par la suite, après sa sortie de l'hôpital, elle a décidé de prendre la parole pour dénoncer le sexisme dans le sport et, par extension, sur les réseaux. Selon elle, on était là à la croisée des univers du gaming et de celui du sport extrême, deux mondes qui brillent par leur machisme. Dans une interview donnée à l'AFP, elle a déclaré : « Je fais des sports très largement pratiqués par les hommes : surf, skate, snowboard, motocross. Je suis souvent avec des garçons et j'ai déjà eu des remarques de ce type. Ce n'est pas que sur Internet, ça se passe aussi dans les skate-parks et dans l'eau. » Malheureusement, le sexisme reste « le sujet relou qu'il ne faut surtout pas aborder ». Manon Lanza a aussi déploré le manque de soutien, et le fait d'avoir été laissée seule pour faire face à ces flots de haine alors que personne ne pouvait ignorer ce qui était en train de se passer. Pour protester contre le soutien tardif et timide des autres concurrents et des organisateurs de l'événement du GP Explorer, elle a déclaré : « J'aurais aimé que la réaction soit plus immédiate de la part des Youtubeurs et qu'ils se sentent aussi concernés en tant qu'hommes qu'une femme peut l'être. » Elle évoquait notamment l'angle des caméras qui semblait choisi pour ne diffuser que la vision de Maxime, et jamais la sienne, incitant les internautes à la blâmer, elle.

Par la suite encore, Manon est revenue sur ce moment sur son compte Instagram. Sans vouloir s'en plaindre, elle a évoqué le fait que, ce jour-là, elle avait ses règles et en a souffert avec la chaleur, lancée à pleine vitesse dans la petite voiture de course automobile. Cette histoire a fait du bruit : Squeezie lui-même a fini par s'exprimer sur l'affaire dans une vidéo destinée à condamner toute forme de sexisme et demander à sa communauté de respecter les femmes. C'est dur d'être aimé par des connards. Évidemment, aucun des internautes ayant insulté Manon n'a été condamné et aucun n'a vu son compte X suspendu. Depuis, un compte spécialisé dans les montages misogynes appelé « abrège frère » s'en est pris à la petite amie de Squeezie pour expliquer à quel point elle est inintéressante. Squeezie a dû prendre la parole pour la défendre sur X. On aimerait que ce soit une question de principe et que toutes les femmes harcelées soient défendues. Arrêtez de penser que vous ferez plaisir à un mec en lui expliquant que sa copine est une dépravée.

5

Mes sœurs, aimons-nous les unes les autres

Arrêtons d'être des *pick-me*

« J'étais une vrai *tomboy* quand j'étais jeune », « Je ne sais pas comment tu fais pour mettre autant de maquillage, il faut s'aimer comme on est » : ces phrases, c'est Kendall Jenner dans *Keeping Up With The Kardashians* qui les a prononcées. Deux ans plus tard, Kendall Jenner passe sur le billard. Nous l'avons vu, ce ne sont pas l'opération, le vêtement ou l'activité qui sont en cause, mais bien les représentations qu'on y accole. Dans ce cas, avoir recours à la chirurgie esthétique, c'est dénigrer ses sœurs qui auraient pu elles aussi subir des opérations dans le seul but de se mettre en valeur. C'est le principe de la *pick-me* (« choisis-moi » en anglais). Une *pick-me* est une personne qui fait tout pour montrer qu'elle n'est pas comme les autres filles et qui rabaisse les autres filles pour se mettre elle-même en valeur. C'est l'intériorisation d'une haine du féminin qui pousse ces filles à chercher une constante originalité au mépris des autres femmes.

Le *Urban Dictionary*, un dictionnaire en ligne très utile pour pister expressions argotiques et notions en tout genre, et qui sert d'indicateur social en rassemblant les idées nouvelles développées parmi les nouvelles générations, définit le concept ainsi : « Une fille *pick-me* est une fille qui recherche la validation masculine en insinuant indirectement ou directement qu'elle n'est pas comme les autres filles. Caractéristiques d'une *pick-me* : laisse les hommes lui marcher dessus à cause de son comportement "CaReFrEE", ne traîne qu'avec des hommes parce qu'ils ne sont "pas prise de tête", etc. »

Une *pick-me* ne suit pas ou prétend ne pas suivre les injonctions à la féminité. Pour elle, ne pas être féminine est un compliment qui lui permet de se démarquer et de capter l'attention des hommes. Elle n'est finalement pas vraiment différente de celle qui a « accepté » sa position subalterne (elle est douce, polie, dévouée à son partenaire et à son foyer). Les deux ont le même but : trouver un homme grâce auquel elles pourront accéder à la position respectée d'épouse. Ça vous semble un peu dépassé ? C'est par exemple Kendall Jenner qui clame "*I'm one of the boys*", pour dire qu'elle fait partie des garçons et pas des filles. Elle se désolidarise du groupe féminin. La *pick-me* se définit comme une personne « cool » qui « ne se prend pas la tête », en clair elle n'ira pas faire des problèmes à son mec avec des histoires de consentement, elle sera juste là pour faire absolument tout ce qu'il veut s'il la choisit, sans manifester de caractère propre. Et c'est très exactement pour cette raison que le personnage de la *pick-me* est hyper désirable aux yeux du spectateur connard qui regarde ces films ou ces séries.

Dans les séries, une autre *pick-me* célèbre serait le personnage de Vanessa dans *Gossip Girl*. Je vous explique : Vanessa passe son temps à dénigrer Serena et Blair, les deux personnages principaux. Elle les trouve trop obnubilées par la séduction. Elles seraient trop *girly* et trop passionnées par leurs histoires avec les garçons. Cependant, le personnage de Vanessa a eu exactement les mêmes relations que Serena et Blair (Nate, Chuck, Dan) et, chaque fois, après Serena et après Blair. Ce personnage méprise les autres filles sans une once d'empathie pour elles et cherche en fait à bénéficier indirectement de ce dénigrement pour se démarquer par rapport au reste du groupe. Le comportement des *pick-me* est problématique, car cela revient à ne montrer aucune solidarité avec les autres filles. À la place, une propension à les lâcher et à les rabaisser dans le seul but de pactiser avec un système qui les dénigre et les méprise déjà. Le vernis à ongles ? Pouah ! Aimer le maquillage ? Nul ! Traîner entre filles ? Non ! Ce manque de sororité est un énorme problème. D'ailleurs, certains garçons incitent à ces comportements en comparant les filles entre elles : « Machine est vraiment plus jolie par rapport à Bidule », ou : « Ah, regarde celle-là, quelle bimbo, c'est horrible, heureusement toi tu aimes boire des bières en regardant le foot, génial. » Les filles, arrêtons d'être des *pick-me* !

Et songeons aussi à la représentation des femmes choisies « par défaut »… Si votre mère à vous aussi a regardé trente fois *Bridget Jones* ou *Le Diable s'habille en Prada* ou *Love Actually* pendant que vous étiez dans les parages, vous connaissez ce ressort scénaristique qui repose sur la relation avec « la fille d'à côté qu'on prend comme elle est alors qu'elle n'est vraiment pas ouf ». J'appellerai ça le personnage du « Je te prends telle que tu es ». Plus récemment, on le retrouve dans le film *Nouveaux riches*, sur Netflix, dans lequel un mec moche et mythomane explique à Stéphanie, qu'il vient de rencontrer, qu'il préfère habituellement les meufs canon et belles mais qu'il se sent mieux avec elle. Un peu comme Hugh Grant qui a la bonté de s'intéresser à une fille présentée comme ronde dans *Love Actually* (elle doit faire du 40, mais passons...) ou toute la série des *Bridget Jones,* qui a quand même inculqué à nos mères que peser 60 kilos pour 1,65 mètre, c'était « être grosse ». Quand on a commencé à nous expliquer que Britney Spears et, plus proche de nous, Selena Gomez étaient rondes parce que leurs fesses n'étaient pas plates et leurs joues pas creuses, on a quand même perdu une sacrée manche. Tout le discours *body positive* « t'es grosse mais t'inquiète, t'as le droit d'exister quand même » risque de virer au super toxique complexant quand une bande de super connards décide que c'est super anormal de manger. C'est la même chose avec le ressort comique de *Friends* autour du personnage de Monica : on nous explique avec humour qu'avant elle était obèse et que personne n'en aurait jamais voulu. Chandler et Joey grossissent à vue d'œil saison après saison sans que leur poids fasse jamais l'objet d'une réplique et, pendant ce temps-là, Monica et Rachel finissent la série avec une taille 34, et on trouve encore à leur envoyer des vannes. C'est juste invivable. Arrêtez.

Liberté, Égalité, Sororité

Nous ne sommes pas des rivales ! Ça, c'est ce que le patriarcat veut nous faire croire depuis la nuit des temps. À la place, je dis haut et fort : Vive la sororité. Et ce n'est pas juste un mot à la mode. Non, non, c'est bien plus que ça : c'est une révolution, une révolution toute douce entre nous, les filles. C'est un lien qui se crée sans qu'on ait besoin de grandes déclarations. C'est une force tranquille mais indestructible qui prend racine dans les moments les plus simples de notre quotidien. En 2024, à Paris, dans ce monde où tout va si vite, où on nous scrute, où on nous juge, et où la perfection semble être la seule norme admise, la sororité devient une bouffée d'air pur. C'est notre résistance.

Et si vous vous demandez ce que c'est exactement, laissez-moi vous donner quelques exemples qui me viennent à l'esprit : la sororité, c'est un regard complice qui nous fait sourire, c'est une main tendue sans qu'on ait besoin de la demander, un message de soutien envoyé avant un oral, un sourire échangé dans le miroir des toilettes d'une soirée, un mot glissé pour rassurer celle qui doute. C'est le courage de se confier entre nous, de dire : « Moi aussi, parfois, je vais pas bien », avec l'assurance d'être entendue et comprise sans se prendre encore un jugement. On ne fait pas que se raconter des histoires entre filles, c'est bien plus que ça : on se transmet des forces. Et ce sont ces moments passés ensemble, à rire, à pleurer, à refaire le monde autour d'un verre ou pendant une soirée pyjama, qui deviennent une forme de résistance contre tout ce qui nous est imposé : contre les attentes des autres, contre les cases dans lesquelles on aimerait tellement nous enfermer. Dans la société d'aujourd'hui, avec l'énorme pression qui pèse sur nos épaules – que ce soient la réussite, la beauté, le regard des autres et, oui, le regard des hommes – la sororité, c'est ce qui nous rappelle que c'est OK d'être… juste nous-mêmes.

Mais il faut aussi le dire : cette solidarité entre filles n'est pas toujours parfaite, et elle est souvent mise à l'épreuve par la société elle-même. On nous pousse à rivaliser, à se démarquer, à chercher à plaire – pas pour nous, mais pour correspondre à une image qui ne nous appartient même pas. On a parlé des *pick-me*, et c'est bien ce genre d'attitudes qui peuvent fragiliser nos liens et créer des tensions là où, au contraire, on devrait se soutenir. C'est une des grandes contradictions de notre époque : on prône l'indépendance, mais on valorise encore l'approbation extérieure au détriment de la solidarité entre nous. Il y a les *pick-me* mais il y a aussi les « sœurs de lutte », les « sœurs de plainte[1] », les groupes de parole en non-mixité pour se soutenir entre filles. Et c'est ça qu'il faut voir. Même si la société essaie de nous mettre en concurrence les unes avec les autres, en fait, on a toujours le choix de faire équipe. Il suffit d'applaudir quand une amie à nous réussit,

1. Alizée Vincent, *Sœurs de plainte. Une enquête intime sur les liens entre covictimes* (Stock, 2024).

croire celle qui se confie, soutenir celle qui trébuche. Tout est fait pour nous diviser, mais on s'aperçoit vite qu'on est beaucoup plus fortes toutes ensemble. Proclamons-le partout, bien haut et bien fort : Liberté, Égalité, Sororité.

Organiser la riposte

Si on résume, notre société est fondée (entre autres) sur l'oppression des femmes par les hommes. Ça passe notamment par une injonction tacite qui contraint les femmes à dédier temps, argent et santé à se plier aux désirs et au bon vouloir des hommes.

Toutes les féministes souhaitent abolir cet ordre du monde pour en construire un nouveau, libéré des injustices et désireux de placer tout le monde sur un pied d'égalité. Pas les uns contre les autres, pas les uns jugeant les unes, mais tout simplement dans une coexistence pacifique. Que nous puissions être amis, amoureux, fâchés aussi parfois, mais jamais sur le fondement du genre.

C'est à cause de la validation masculine que des filles réclament des réunions non mixtes et des secteurs réservés aux femmes. Sur les réseaux en 2024, les femmes se sont même imaginé un espace utopique complètement libéré de la validation masculine, « Tanaland », où elles peuvent s'habiller comme elles le souhaitent et se comporter comme bon leur semble… Je ne dis pas que c'est une bonne solution, ni une mauvaise issue, mais la validation masculine nous pousse à des exigences qui, parfois, sont incomprises par le reste de la société.

Je dis qu'il serait peut-être grand temps de commencer à se poser quelques questions sur le système tel qu'il existe et sur ce qu'il nous oblige à produire en réponse et en riposte. Certaines diront qu'elles se posent ces questions depuis pas mal de temps déjà, et je leur dis bravo. Mais force est de constater que les résultats ne sont pas là.

Prenons conscience du système qui nous oblige à riposter ! Et demandons-nous comment parler de l'autocensure des femmes dans leur carrière tout en déplorant qu'elles ne demandent jamais d'augmentation. Il est nécessaire de comprendre le système qui produit ces paradoxes et de lier ensemble agressions sexuelles, inégalités sociales et sexisme.

Alors maintenant : que faire ? Comment s'extraire et sortir de la validation masculine ? Comment pouvoir agir pour soi, pour les autres femmes, pour les hommes, pour les non-binaires et pour toute la société ?

Feuille de route à l'usage des filles pour sortir de la validation masculine

Tout d'abord, en en prenant conscience.

Alors bravo d'avoir lu ce livre. Prêtez-le, offrez-le, faites en sorte qu'il circule partout où quelqu'un peut le lire et se questionner sur son propre comportement autant que sur celui d'autrui.

La validation masculine se niche dans les moindres recoins de notre vie quotidienne. Elle est partout. Alors lisons des ouvrages féministes, écoutons des podcasts, parlons entre nous et autour de nous, écoutons-nous les unes les autres pour déconstruire tout ce qu'il nous est possible de déconstruire.

Ensuite, il importe que nous, filles, réapprenions à apprécier notre compagnie les unes avec les autres en dehors de l'avis d'un homme.

Et que nous apprenions aussi (et surtout ?) à apprécier notre propre compagnie. La solitude n'est pas une maladie. C'est une chance dont il faut savoir nous saisir.

Ne laissons plus jamais l'avis d'un homme l'emporter sur une amitié féminine. Jamais.

Ne laissons pas la recherche d'attention d'un homme lambda nous éloigner moralement de nos copines. Car oui, ma sœur, dans la compagnie des autres, tu trouveras ton salut.

Plus encore, ce sont les relations saines et épanouissantes qui nourrissent les individus, peu importe leur genre. Elles peuvent être douces, respectueuses, elles peuvent nous tirer vers le haut, nous prendre telles que nous sommes. On dit que les amitiés durent plus longtemps que les histoires d'amour. Alors choyons-les.

N'écoutons pas les critiques de gens à qui nous n'irons jamais demander conseil.

Si notre nouveau mec n'aime pas notre meilleure amie, c'est notre nouveau mec le problème.

Chaque fois qu'un homme essaie de nous diviser ou de nous séparer, il faut le remettre à sa place – pas celle des hommes, l'idée n'est pas de reproduire le mécanisme qui nous nuit, mais la place de toute personne qui veut entraver la grande marche mondiale des femmes vers l'émancipation : à la cave.

Arrêtez d'être des connards

Quant à vous, messieurs, arrêtez de croire que le but des femmes est de plaire aux hommes, d'être choisies par eux, d'être validées par eux.

Arrêtez de croire qu'on se maquille pour vous plaire. Mon mascara et mon *nail art* ne sont pas là dans le but de trouver un mari, mais tout simplement parce que je les aime. Ils font partie de mon identité.

Arrêtez de donner des avis non sollicités.

Arrêtez de commenter le physique des femmes dans la rue, arrêtez de mater les mineures comme des porcs.

Arrêtez de juger notre avenir, qui n'existe même pas encore. Vous n'avez aucune idée de celles que nous allons devenir, alors cessez de déclamer qu'une telle est trop superficielle et que telle autre finira mal parce que son t-shirt s'arrête sous son nombril. Vous n'en savez rien.

Arrêtez de dénigrer les femmes qui vous insécurisent par leur talent ou leur charisme.

Arrêtez de vouloir faire taire les filles que vous estimez « grandes gueules » juste parce qu'elles osent dire ce qu'elles pensent quand vous voudriez qu'elles restent à une place de subalternes.

Arrêtez d'essayer d'éteindre les lumières des filles brillantes sous prétexte que vous n'arrivez même pas à créer une petite lueur autour de vous-mêmes.

Arrêtez d'appuyer sur la tête des bonnes nageuses parce que vous ne savez pas flotter.

Arrêtez de minimiser vos copines, de terroriser les nanas dans la rue, arrêtez de considérer qu'avoir des couilles est un critère de compétences.

Arrêtez d'être des connards.

Remerciements

À maman.

Table des matières

Achevé d'imprimer en février 2025
sur Roto-Page par l'Imprimerie Floch à Mayenne
pour le compte des Éditions Fayard
13, rue du Montparnasse 75006 Paris
info-fayard@edition-fayard.fr

Composition réalisée par Belle-Page

PAPIER CERTIFIÉ

Fayard s'engage pour
l'environnement en réduisant
l'empreinte carbone de ses livres.
Celle de cet exemplaire est de :
250 g éq. CO_2
Rendez-vous sur
www.fayard-durable.fr

N° d'éditeur : 60.8095.9/01
N° d'imprimeur : 106494
Imprimé en France